ଭକ୍ତ ସାଲବେଗଙ୍କ ଭଜନ ପରିକ୍ରମା

ଭକ୍ତ ସାଲବେଗଙ୍କ ଭଜନ ପରିକ୍ରମା

ସଂକଳନ ଓ ସଂପାଦନା

ରୁକ୍ମିଣୀ ସମର୍ଥା

ବ୍ଲାକ୍ ଈଗଲ୍ ବୁକ୍ସ

ଭୁବନେଶ୍ୱର, ଓଡ଼ିଶା

BLACK EAGLE BOOKS

Dublin, USA

ଭକ୍ତ ସାଲବେଗଙ୍କ ଭଜନ ପରିକ୍ରମା
ସଂକଳନ ଓ ସଂପାଦନା: **ରୁକ୍ମିଣୀ ସମର୍ଥା**
ବ୍ଲାକ୍ ଇଗଲ୍ ବୁକ୍ସ : ଭୁବନେଶ୍ୱର, ଓଡ଼ିଶା ● ଡବ୍ଲିନ୍, ଯୁକ୍ତରାଷ୍ଟ୍ର ଆମେରିକା

 BLACK EAGLE BOOKS

USA address:
7464 Wisdom Lane
Dublin, OH 43016

India address:
E/312, Trident Galaxy, Kalinga Nagar,
Bhubaneswar-751003, Odisha, India

E-mail: info@blackeaglebooks.org
Website: www.blackeaglebooks.org

First International Edition Published by
BLACK EAGLE BOOKS, 2023

BHAKTA SALABEGANKA BHAJAN PARIKRAMA
Compiled and Edited by **Rukmini Samartha**

Copyright © **Rukmini Samartha**

All rights reserved. No part of this publication may be reproduced, stored in a retrieval system, or transmitted, in any form or by any means, electronic, mechanical, photocopying, recording or otherwise without the prior permission of the publisher.

Cover art: **Hiralal Bariha**
Interior Design: Ezy's Publication

ISBN- 978-1-64560-408-2 (Paperback)

Printed in the United States of America

ସମସ୍ତ ଶ୍ରୀଜଗନ୍ନାଥପ୍ରେମୀଙ୍କୁ

ଆତ୍ମନେପଦୀ

ପ୍ରାଚୀନ ଓଡ଼ିଆ ସାହିତ୍ୟରେ ମଧ୍ୟଯୁଗୀୟ କାବ୍ୟଚେତନାର ମହତ୍ତ୍ୱ ଅତ୍ୟନ୍ତ ପ୍ରଭାବଶାଳୀ । ଏହାକୁ ଐଶ୍ୱର୍ଯ୍ୟମଣ୍ଡିତ କରିଥିବା କବି ଓ ସେମାନଙ୍କ ସୃଷ୍ଟିସମ୍ଭାର ଓଡ଼ିଆ ସାହିତ୍ୟ ଭଣ୍ଡାରକୁ ସମୃଦ୍ଧ କରିଛି । ପ୍ରାକ୍ ରୀତିଯୁଗୀୟ ସାହିତ୍ୟର ପରିସରରେ ରାଧା-କୃଷ୍ଣ, ରାମ-ସୀତାଙ୍କୁ ସ୍ତୁତି, ଲୀଳା, ରୂପଚର୍ଚ୍ଚା, ନାମକୀର୍ତ୍ତନକୁ ନେଇ କବିଗଣଙ୍କର କବିତା କେବେ ଭକ୍ତିଭାବପୂର୍ଣ୍ଣ ହୋଇଛି ତ କେବେ ଜ୍ଞାନାତ୍ମକ ହୋଇଛି । ପୌରାଣିକ ପରମ୍ପରାଶ୍ରୟୀ ପ୍ରାକ୍ ରୀତିଯୁଗ ପରବର୍ତ୍ତୀ ବହୁ କବିଙ୍କ ଭଜନ, ଜଣାଣ ତଥା କବିତାରେ ଶ୍ରୀଜଗନ୍ନାଥ ହୋଇଯାଇଛନ୍ତି ମୁଖ୍ୟ ନାୟକ । ଏମିତିକି ଶ୍ରୀଜଗନ୍ନାଥଙ୍କ ରୂପଶୋଭାଠାରୁ ଆରମ୍ଭ କରି ତାଙ୍କର ମହିମା ପର୍ଯ୍ୟନ୍ତର ପ୍ରଶସ୍ତିଗାନ । ଏ ଯୁଗୀୟ ସାହିତ୍ୟକୁ କଳାତ୍ମକ ରୂପ ପ୍ରଦାନ କରିଛି ।

ଜଗନ୍ନାଥୀୟ ଚେତନା ଓ ଦାରୁମୂର୍ତ୍ତି ଶ୍ରୀଜଗନ୍ନାଥଙ୍କୁ ନେଇ ପୁରାଣକାର ପ୍ରମୁଖଙ୍କ ଅନେକ କୃତି ଜଗନ୍ନାଥ ସଂସ୍କୃତି ଓ ପରମ୍ପରାକୁ ପରିପୁଷ୍ଟ କରିଛି । ଏହି ଧାରାର ଜଣେ ପ୍ରଚଣ୍ଡ ଭକ୍ତକବି ହେଉଛନ୍ତି ମୁସଲମାନ ସନ୍ଥ ସାଲବେଗ । ଶରୀରରେ ବ୍ରାହ୍ମଣ ଏବଂ ଯବନର ଶୋଣିତ ଏବଂ କର୍ମ, ମନ, ବଚନରେ ପରଂବ୍ରହ୍ମ ଶ୍ରୀଜଗନ୍ନାଥଙ୍କ ପ୍ରତି ସମର୍ପଣ, ମୁଖରେ ତାଙ୍କର ନାମକୀର୍ତ୍ତନ, ଆବେଗରେ ଛଳଛଳ ନିରୀହ କବି ଥିଲେ ସାଲବେଗ, ଯେଉଁଠି ସାଲବେଗଙ୍କ କଥା ଉଠେ ସେଠି କୋଟି କୋଟି ଓଡ଼ିଆଙ୍କ ହୃଦୟ ଓ ଆତ୍ମା ନତମସ୍ତକ ହୋଇଉଠେ । ଭକ୍ତକବି ସାଲବେଗଙ୍କ 'ଆହେ ନୀଳ ଶଇଳ' ଓ 'ଜଗବନ୍ଧୁ ହେ ଗୋସାଇଁ'ର ଶବ୍ଦ ଉଚ୍ଚାରଣ ପାଖରେ କି ଅଦ୍ଭୁତ ତାଙ୍କର ଭକ୍ତିମତା ! କି ପ୍ରଗାଢ଼ ତାଙ୍କର ପରଂବ୍ରହ୍ମ ସ୍ତୁତି ! କି ଉଚ୍ଚାଙ୍ଗ ତାଙ୍କର ସମର୍ପଣ ! ବୋଧହୁଏ ଆବେଗ, ଭକ୍ତି ତଥା ସମର୍ପଣର ତ୍ରିବେଣୀ ସଙ୍ଗମକୁ ନେଇ ଏଭଳି ଭକ୍ତକବିଟିଏ ଦ୍ୱିତୀୟଥର ଜନ୍ମ ହେବା ଏକ ଯୁଗାନ୍ତରର ଆଶୀର୍ବାଦ ହୋଇପାରେ । ଏହି ପରିପ୍ରେକ୍ଷୀରେ ଭକ୍ତ ସାଲବେଗଙ୍କ ପ୍ରତିଟି ଭଜନ ବିଚାର୍ଯ୍ୟ ।

ଉପକ୍ରମ

"ଚତୁର୍ବିଧା ଭଜନ୍ତେ ମାଂ ଜନାଃ ସୁକୃତିନୋର୍ଜୁନ
ଆର୍ତ୍ତୋ ଜିଜ୍ଞାସୁରର୍ଥାର୍ଥୀ ଜ୍ଞାନୀଚ ଭରତର୍ଷଭ।"

ଶ୍ରୀମଦ୍‌ଭଗବତ୍ ଗୀତାରେ ଭଗବାନ ଅର୍ଜୁନଙ୍କୁ 'ଭକ୍ତ'ର ପ୍ରକାରଭେଦ ଦର୍ଶାଇ କହିଥିଲେ- ହେ ଅର୍ଜୁନ! ଆର୍ତ୍ତ, ଜିଜ୍ଞାସୁ, ଅର୍ଥାର୍ଥୀ ଏବଂ ଜ୍ଞାନୀ - ଏହି ଚାରି ପ୍ରକାର ଭକ୍ତ ମୋର ଭଜନ କରନ୍ତି। ଏମାନଙ୍କ ମଧ୍ୟରୁ ସବୁଠାରୁ ନିମ୍ନଶ୍ରେଣୀର ଭକ୍ତ ଅର୍ଥାର୍ଥୀ, ତା'ଠାରୁ ଶ୍ରେଷ୍ଠ ଆର୍ତ୍ତ, ଆର୍ତ୍ତଠାରୁ ଶ୍ରେଷ୍ଠ ଜିଜ୍ଞାସୁ ଏବଂ ଜିଜ୍ଞାସୁଠାରୁ ଶ୍ରେଷ୍ଠ ଜ୍ଞାନୀ ଅଟେ। ଏହି ପରିପ୍ରେକ୍ଷୀରେ ପ୍ରାଚୀନ କାବ୍ୟ ପରମ୍ପରାରେ ଭକ୍ତିରସର ପ୍ରାବଲ୍ୟ ସୃଷ୍ଟି କରିଥିବା ଜ୍ଞାନୀ ଭକ୍ତମାନଙ୍କ ମଧ୍ୟରେ 'ସାଲବେଗ' ଥିଲେ ଜଣେ ଏକନିଷ୍ଠ ଭକ୍ତ ଓ ସନ୍ଥ। ଭକ୍ତ ହେଉଛି ସିଏ, ଯିଏ ନିଜକୁ ତାର ଆରାଧ୍ୟଙ୍କ ନିକଟରେ ସଂପୂର୍ଣ୍ଣ ଭାବେ ସମର୍ପଣ କରିଦେଇଥାଏ। ତା'ର କାୟା, ମନ ଓ ବଚନରେ କେବଳର ଭଗବାନଙ୍କ ନାମକୀର୍ତ୍ତନ ଶୁଣିବାକୁ ମିଳିଥାଏ। ଭଗବାନଙ୍କୁ ନେଇ ତା'ର ଉଚ୍ଚାଙ୍ଗ ଭକ୍ତିଧାରା ପ୍ରସ୍ଫୁଟିତ ହୋଇଥାଏ। ତାଙ୍କର ପ୍ରଗାଢ଼ ବିଭୁପ୍ରୀତି ତାଙ୍କୁ 'ସନ୍ଥ' ଉପାଧିରେ ସାର୍ଥକତା ପ୍ରଦାନ କରିଥିଲା। 'ସନ୍ଥ' ଶବ୍ଦର ଅର୍ଥ ଅତି ବ୍ୟାପକ। 'ସନ୍ଥ' କହିଲେ ସାଧାରଣତଃ ସାଧୁ, ବାବାଜି, ଯୋଗୀ ଇତ୍ୟାଦିର ପ୍ରତିଶବ୍ଦକୁ ବୁଝାଇଥାଏ। ସାଂସାରିକ ଜୀବନରୁ ବିଚ୍ଛିନ୍ନ ରହି ଧାର୍ମିକ ଜୀବନଯାପନ କରୁଥିବା ବ୍ୟକ୍ତି ହିଁ 'ସନ୍ଥ' ପଦବାଚ୍ୟ। 'ଅମରକୋଶ'ରେ ସନ୍ଥ ଶବ୍ଦର ଅର୍ଥ 'ଗୋରଖପନ୍ଥୀ ସାଧୁ' ବୋଲି ଦର୍ଶାଯାଇଛି। ସେହିପରି ଋଭମଙ୍ଗମକ୍ଷକ୍କକ୍କ୍ବରୟସବ ଈକ୍ବସତ୍ବବଭଭସମବରେ ସନ୍ଥ ବା ସାଧୁ ଶବ୍ଦକୁ ଦର୍ଶାଯାଇ ଲେଖାଯାଇଛି ଯେ- "Holy person, believed to have a special relationship to the sacred as well as moral perfection or exceptional teaching abilities." ସନ୍ଥମାନଙ୍କ ପାଖରେ କାୟା, ମନ ଓ ବଚନକୁ ସଂଯମ କରିବାର ଏପରି ଏକ ଅଦୃଶ୍ୟ ଶକ୍ତି ରହିଥାଏ ଯାହା ସେମାନଙ୍କୁ ସଂସାରର ମୋହମାୟାଠାରୁ ଦୂରେଇ ଦେଇ ଈଶ୍ୱରାଭିମୁଖେ ଯାତ୍ରାର ପଥ ପ୍ରଦର୍ଶନ କରିଥାଏ। ସେମାନେ ସର୍ବଦା ନିଜକୁ ସାଂସାରିକ କାର୍ଯ୍ୟକଳାପରୁ ନିବୃତ୍ତ ରଖି ଈଶ୍ୱରଙ୍କ ନାମକୀର୍ତ୍ତନରେ ନିମଜ୍ଜିତ ରଖିଥାନ୍ତି। ସାଂସାରିକ ମୋହ ସେମାନଙ୍କ ଠାରୁ ଥାଏ ବହୁ ଦୂରରେ ଯାହା ତାଙ୍କୁ ସ୍ପର୍ଶ ମଧ୍ୟ କରିପାରି ନ ଥାଏ। ସଂସାରର ଅଳିକ ବସ୍ତୁର ସୁଖ ତାଙ୍କ ପାଇଁ ତୁଚ୍ଛ ମନେହୁଏ। ଈଶ୍ୱରଙ୍କ ସହ ମିଳିତ ହେବାର ମାର୍ଗ ପାଲଟିଯାଏ ତାଙ୍କ ପାଇଁ ଏକମାତ୍ର ମାଧ୍ୟମ। ନିଜର କାୟ, ମନ ଓ ବଚନରେ ଥାଏ କେବଳ ପରଂବ୍ରହ୍ମଙ୍କ ନାମକୀର୍ତ୍ତନର ରସଧ୍ୱନି। ପିତା-ମାତା, ଭାଇ-ଭଉଣୀ, ଘର-ସଂସାର ଏସବୁ ସେମାନଙ୍କ ନିକଟରେ ତୁଚ୍ଛ ହୋଇଯାଏ। ଥାଏ କେବଳ ବିଭୁପ୍ରୀତି ଆଉ ଭଗବତ୍ ଚେତନା। ପରଂବ୍ରହ୍ମଙ୍କ ସାଧନା ତାଙ୍କ ପାଇଁ ଏକମାତ୍ର ପଥ ହୋଇଥାଏ। ଏ କ୍ଷଣସ୍ଥାୟୀ ସଂସାରରେ ନିଜର ବୋଲି କୌଣସି ବସ୍ତୁ ନାହିଁ। ତେଣୁ ଅହଂ ଭାବ ରଖି ଗର୍ବ କରିବାର କୌଣସି କାରଣ ମଧ୍ୟ ନାହିଁ। ଏପରି ମୋହମାୟାଠାରୁ କେବଳ ଜଣେ ସନ୍ଥ ବା ସାଧୁ ହିଁ ଦୂରେଇ ରହିପାରିବ ଯାହାକି ସାଧାରଣ ମନୁଷ୍ୟ ପକ୍ଷେ କଷ୍ଟକର। ଯାହା ସାଲବେଗଙ୍କ କ୍ଷେତ୍ରରେ ସମ୍ଭବ ହୋଇଥିଲା। ଜଣେ ସାଧାରଣ ମଣିଷ ହୋଇ ମଧ୍ୟ ତାଙ୍କର ବିଭୁପ୍ରୀତି ତାଙ୍କୁ ଜଣେ ଅସାଧାରଣ ସନ୍ଥରେ ପରିଣତ କରିଦେଇଥିଲା।

ଭକ୍ତିଧାରାକୁ ନେଇ କାବ୍ୟ-କବିତା ରଚନା କରିବାର ପ୍ରୟାସ ବହୁ ପ୍ରାଚୀନ କାଳରୁ ଦେଖିବାକୁ ମିଳେ। ରୀତିଯୁଗୀୟ କବିମାନେ ମୁଖ୍ୟତଃ ରାଧା-କୃଷ୍ଣ, ରାମ-ସୀତା ଆଦିଙ୍କୁ ନେଇ ଅନେକ କାବ୍ୟ-କବିତା ରଚନା କରିବା ସହିତ ଶ୍ରୀକୃଷ୍ଣଙ୍କ ମହିମା, ଲୀଳା-କ୍ରୀଡ଼ାକୁ ନେଇ ଅନେକ ଭକ୍ତିରସାତ୍ମକ କାବ୍ୟ ରଚନା କରିଛନ୍ତି। ରୀତିଯୁଗୀୟ କାବ୍ୟଚେତନାରେ ପୃଷ୍ଟପୋଷକକାରୀ ସମ୍ରାଟଙ୍କ ମନୋରଞ୍ଜନ ଉଦ୍ଦେଶ୍ୟରେ ଶୃଙ୍ଗାରରସାତ୍ମକ କାବ୍ୟର କୋଣାର୍କ ନିର୍ମାଣ କରାଯାଇଥିଲେ ମଧ୍ୟ ଭକ୍ତିରସଠାରୁ ବିଚ୍ଛିନ୍ନ ହୋଇ ରହିପାରିନାହାନ୍ତି କବିଗଣ। ଶ୍ରେଷ୍ଠ କାବ୍ୟଯୁଗରେ ଭକ୍ତିରସର ପ୍ରାଧାନ୍ୟ ଛତ୍ରେ ଛତ୍ରେ ବ୍ୟାପୃତ ଥିଲା। କେବଳ ସୁରା, ନର୍ତ୍ତକୀ ଓ ଶୃଙ୍ଗାର ମଧ୍ୟରେ ନିଜକୁ ବୁଡ଼ାଇ ନ ରଖି କେତେକ କବି ଭଗବତ୍ ଚେତନାକୁ ଗ୍ରହଣ କରି ଅନେକ କାବ୍ୟ ରଚନା କରିବାରେ ନିୟୋଜିତ ହୋଇଥିଲେ, ଯାହାର ଏକ ଅନନ୍ୟ ଉଦାହରଣ ହେଉଛନ୍ତି ଭକ୍ତ ସାଲବେଗ। ଶ୍ରୀକୃଷ୍ଣ-ରାଧା, ଶ୍ରୀରାମ-ସୀତାଙ୍କର ପବିତ୍ର ପ୍ରେମକୁ ନେଇ ଶୃଙ୍ଗାର ପରିବର୍ତ୍ତେ ବହନ କରିଛନ୍ତି ଭକ୍ତିରସର ପବିତ୍ର ବାରିଧାରା।

ଜଣେ ପ୍ରେମିଳ ଭକ୍ତର ନିଦର୍ଶନ ହେଉଛନ୍ତି ଭକ୍ତକବି ସାଲବେଗ। ପ୍ରେମ ଓ ଭକ୍ତିର ଅପୂର୍ବ ସମନ୍ୱୟ ଘଟାଇଛନ୍ତି ଭଜନାବଳୀରେ। ଭକ୍ତିରସର ତାଳେ ତାଳେ ଝୁମି ଉଠିଛନ୍ତି ଶୃଙ୍ଗାରୀୟ ଚେତନାର ବାହ୍ୟରେ ରହି ମଧ୍ୟ ନିଜର ପରିଚୟ ସୃଷ୍ଟି କରିପାରିଛନ୍ତି ଭକ୍ତି-କାବ୍ୟ ମାଧ୍ୟମରେ। ଭକ୍ତିରସରେ ଆପ୍ଲୁତ ରହି ଭଜନ ମାଧ୍ୟମରେ ଭଗବାନଙ୍କର ଗୁଣ କୀର୍ତ୍ତନ କରିବା ସହିତ ଜଣାଣ ମାଧ୍ୟମରେ ନିଜର ସମସ୍ତ ଦୁଃଖ-ଦୁର୍ଦ୍ଦଶାକୁ ବାଢ଼ିଦେଇଛନ୍ତି ଭଗବାନଙ୍କ ନିକଟରେ।

ଭକ୍ତକବି ସାଲବେଗ ଥିଲେ ଶ୍ରୀଜଗନ୍ନାଥ ଧର୍ମଧାରାର ଜଣେ ଅନନ୍ୟ ବ୍ୟକ୍ତିତ୍ୱ। ତାଙ୍କ ସଂପର୍କରେ ଅନେକ ଆଲୋଚକ ଅନେକ କଥା ବର୍ଣ୍ଣନା କରିଛନ୍ତି। ଏହି ପରିପ୍ରେକ୍ଷୀରେ ସାଲବେଗଙ୍କ ସଂପର୍କରେ ଅବଗତ ହେବା ପୂର୍ବରୁ ପ୍ରଥମେ ଓଡ଼ିଶାର ଗୌରବାନ୍ୱିତ ଇତିହାସ ସଂପର୍କରେ କିଞ୍ଚିତ୍ ଧାରଣା ଆହରଣ କରିବା ନିଶ୍ଚୟ ପ୍ରୟାସ କରାଯାଇଛି।

ଓଡ଼ିଶାର ବର୍ବରିତ ଇତିହାସକୁ ଅନୁଧ୍ୟାନ କଲେ ଏହାର ଆଭ୍ୟନ୍ତର ଅତୀବ ଛିନ୍ନଭିନ୍ନ ହୋଇଥିବାର ଜଣାଯାଏ। ସମୟସ୍ରୋତରେ ଅନେକ ରକ୍ତପିପାସୁଙ୍କ ଉପଦ୍ରବ ଓଡ଼ିଶାର ଅତୀତ ପୃଷ୍ଠାକୁ ରକ୍ତମୟ କରିଛି। ବିଭିନ୍ନ ସମୟରେ ଭିନ୍ନ ଭିନ୍ନ ଶାସକମାନଙ୍କର ଲୋଲୁପ ଦୃଷ୍ଟିର ସମ୍ମୁଖୀନ ହୋଇଛି। ଓଡ଼ିଶାର ଅତୀତ ବିଭାବ ଯେ ଗୌରବମୟ ନ ଥିଲା କହିବା ଅନୁଚିତ। ପ୍ରତିକୂଳ ପରିସ୍ଥିତିରେ ମଧ୍ୟ ଅନେକ ସହୃଦୟବାନ୍ ବ୍ୟକ୍ତିତ୍ୱ ତାଙ୍କ ମହନୀୟତାର ଚରଣ ରେଣୁ ଛାଡ଼ି ଯାଇଛନ୍ତି। ଓଡ଼ିଶାର ବିଭିନ୍ନ ବିଭାବକୁ ଆଲୋଚନା କରିବାକୁ ହେଲେ ସର୍ବପ୍ରଥମେ ଓଡ଼ିଶାର ଅତୀତ ଇତିହାସର ପ୍ରଚ୍ଛଦ ପୃଷ୍ଠା ଉପରେ ଦୃଷ୍ଟି ନିକ୍ଷେପ କରିବାକୁ ପଡ଼େ। କାରଣ କୌଣସି ଜାତି ତା'ର ଅତୀତର ଗଢ଼ା-ଭଙ୍ଗା କାହାଣୀଠାରୁ ବିଚ୍ଛିନ୍ନ ନୁହେଁ। କେହି ଯଦି ସେହି ଜାତିର ଇତିହାସକୁ ନ ଜାଣିବ ତେବେ ସେ ଜାତିର ସଂସ୍କୃତିକୁ ବୁଝିବା ମଧ୍ୟ କାଠିକର ପାଠ। ଯେଉଁ ମାଟିରେ ପୁଣ୍ୟ ମହାତ୍ମାଗଣ ଜନ୍ମଗ୍ରହଣ କରି ମାଟିକୁ ଗୌରବମଣ୍ଡିତ କରିଛନ୍ତି ସେହି ମାଟିରେ ଭକ୍ତକବି ସାଲବେଗ ଜଣେ ଅନନ୍ୟ ଶ୍ରୀଜଗନ୍ନାଥ ଭକ୍ତ ଭାବେ ସ୍ୱତନ୍ତ୍ର ସ୍ଥାନର ଅଧିକାରୀ ହୋଇ ପାରିଛନ୍ତି। ତେଣୁ ସେ ମାଟିର ଇତିହାସକୁ ଆଲୋଚନା କରିବା ଏକାନ୍ତ କାମ୍ୟ।

'କଳିଙ୍ଗ' ନାମଧାରୀ ଓଡ଼ିଶା ଇତିହାସରେ 'କଳିଙ୍ଗ' ନାମରେ ପରିଚିତ। ପ୍ରାଚୀନ ମହାଭାରତ ଯୁଗରେ ମଧ୍ୟ ଏହି 'କଳିଙ୍ଗ' ନାମ ଦେଖିବାକୁ ମିଳେ। କେବଳ ମହାଭାରତ ନୁହେଁ, ବ୍ରହ୍ମପୁରାଣ, ବିଷ୍ଣୁପୁରାଣ, ବ୍ରହ୍ମାଣ୍ଡ ପୁରାଣ, ଅଗ୍ନିପୁରାଣ ଇତ୍ୟାଦି ପ୍ରାଚୀନ ଗ୍ରନ୍ଥଗୁଡ଼ିକରେ ମଧ୍ୟ କଳିଙ୍ଗ ବୀରମାନଙ୍କର ଯୁଦ୍ଧ ନିପୁଣତା, ରାଜକନ୍ୟାର

ସୌନ୍ଦର୍ଯ୍ୟ, ପ୍ରାକୃତିକ ସୌନ୍ଦର୍ଯ୍ୟ ତଥା ଏହାର ପ୍ରସିଦ୍ଧି ଚମତ୍କାର ଭାବରେ ବର୍ଣ୍ଣିତ। ପ୍ରାଚୀନ ପୁରାଣ ଗ୍ରନ୍ଥ ତଥା ବୌଦ୍ଧ ଧର୍ମ ଏବଂ ଜୈନଧର୍ମର ଗ୍ରନ୍ଥଗୁଡ଼ିକରେ ପ୍ରାଚୀନ କଳିଙ୍ଗ ନୌବାଣିଜ୍ୟ ଆଦିରେ ପାରଙ୍ଗମତା ଦର୍ଶାଇ ପାରିଥିବାର ସୂଚନା ମଧ୍ୟ ରହିଛି। ଓଡ଼ିଆ ପୁଅର ବାଣିଜ୍ୟ ଯାତ୍ରା ଖୁବ୍ ଚମତ୍କାର ଭଙ୍ଗୀରେ ଉଲ୍ଲେଖିତ ହୋଇଛି।

ଖ୍ରୀ.ପୂ. ୨ୟ ଶତାବ୍ଦୀରେ ସମ୍ରାଟ ଅଶୋକଙ୍କ ବର୍ବର କାଣ୍ଡ କଳିଙ୍ଗର ଭିତ୍ତିଭୂମିକୁ ସମୂଳେ ଧ୍ୱଂସ କରିଦେଇଥିଲା। ସମଗ୍ର ଭାରତବର୍ଷରେ ନିଜର ପରାକ୍ରମର ପରାକାଷ୍ଠା ଦେଖାଇବା ପରେ କଳିଙ୍ଗ ରାଜ୍ୟକୁ ନିଜ ଅକ୍ତିଆରକୁ ନେବା ପାଇଁ ପ୍ରଚେଷ୍ଟା କରି 'କଳିଙ୍ଗ ଯୁଦ୍ଧ'ର ଘୋଷଣା କରିଥିଲେ। କଳିଙ୍ଗର ବୀରମାନଙ୍କର ବୀରତ୍ୱର କାହାଣୀ ଇତିହାସରେ ସ୍ୱର୍ଣ୍ଣିମ ସ୍ୱାକ୍ଷର ବହନ କରେ। ଶତ୍ରୁ ନିକଟରେ ଆତ୍ମସମର୍ପଣ କରି ଭୀରୁତାର ପରିଚୟ ଦେବା ଅପେକ୍ଷା ବୀରତାର ସହ ଲଢ଼େଇ କରି ଜୀବନ ଜଳାଞ୍ଜଳି ଦେବାକୁ ସେମାନେ ସାର୍ଥକ ମନେ କରିଥିଲେ। ଲକ୍ଷ ଲକ୍ଷ କଳିଙ୍ଗ ବୀର ନିଜର ବୀରତ୍ୱର ଅଭୂତପୂର୍ବ ପରାକାଷ୍ଠା ପ୍ରଦର୍ଶନ କରି ପରାଜୟ ବରଣ କରିଥିଲେ ମଧ୍ୟ ଶତ୍ରୁ ନିକଟରେ ଭୀରୁତାର ପରିଚୟ ଦେଇ ନ ଥିଲେ।

ସମ୍ରାଟ ଅଶୋକଙ୍କ ପରେ ଓଡ଼ିଶାର ହୃତ ଗୌରବକୁ ପୁନର୍ବାର ଫେରାଇ ଆଣିବା ପାଇଁ କଳିଙ୍ଗର ଆଉ ଜଣେ ଦିଗ୍‌ବିଜୟୀ ଯୋଦ୍ଧାଙ୍କର ଆବିର୍ଭାବ ଘଟିଥିଲା। ସେହି ମହାନ୍ ଆତ୍ମା ଜଣକ ହେଲେ ମହାମେଘବାହନ ଐର ଖାରବେଳ। ତାଙ୍କର ପରାକ୍ରମ ବଳରେ କଳିଙ୍ଗ ପୁଣି ତା'ର ଲୁଣ୍ଠିତ ଗୌରବକୁ ପୁନର୍ବାର ଫେରି ପାଇଥିଲା। ଫଳରେ କଳିଙ୍ଗ ଏକ ଶକ୍ତିଶାଳୀ, ଗୌରବମୟ ତଥା ସମୃଦ୍ଧଶାଳୀ ରାଷ୍ଟ୍ରରେ ପରିଣତ ହୋଇଥିଲା। ସମ୍ରାଟ ଖାରବେଳଙ୍କ ସମୟରେ କଳିଙ୍ଗ ଏକ ସୁସାମ୍ରାଜ୍ୟ ଭାବରେ ପରିଚାଳିତ ହୋଇଥିଲା। ତାଙ୍କ ପରେ ଅନ୍ୟାନ୍ୟ ରାଜବଂଶ କଳିଙ୍ଗର ଶାସନଭାର ନିଜ ହାତକୁ ନେଇଥିଲେ। ଯାହାଫଳରେ କଳିଙ୍ଗବାସୀଙ୍କୁ ଅନେକ ଦୁର୍ଦ୍ଦଶାର ସମ୍ମୁଖୀନ ହେବାକୁ ପଡ଼ିଥିଲା। ସୁଶାସକଙ୍କ ଅଭାବରୁ କଳିଙ୍ଗ ପୁନର୍ବାର ତା'ର ସ୍ଥିତିକୁ ହରାଇ ବସିଥିଲା। ମାଠର, ଶୈଳୋଦ୍ଭବ, ଭୌମକର ଆଦି ରାଜବଂଶର ଶାସକଗଣ ତାଙ୍କ ପ୍ରଚେଷ୍ଟା ଫଳରେ କଳିଙ୍ଗକୁ ସୁଚାରୁରୂପେ ଶାସନ କରୁଥିଲେ ମଧ୍ୟ ଖାରବେଳଙ୍କ ସମୟର ଗୌରବମୟ କଳିଙ୍ଗ ତା'ର ବାସ୍ତବ ସତ୍ତାକୁ ହରାଇଥିଲା। ଭୌମକର ରାଜତ୍ୱକାଳରେ କଳିଙ୍ଗର କଳା ଓ ସଂସ୍କୃତି କ୍ଷେତ୍ରରେ ଯଥେଷ୍ଟ ଉନ୍ନତି ପରିଲକ୍ଷିତ ହୋଇଥିଲା। 'ତନ୍ତ୍ରଯାନ'ର ପ୍ରଭାବ ଫଳରେ ଓଡ଼ିଶା ଏକ କଳାପ୍ରିୟ ରାଜ୍ୟ ରୂପେ ପରିଗଣିତ ହୋଇଥିଲା।

'କେଶରୀ' ଉପାଧି ଧାରଣକାରୀ ସୋମବଂଶୀ ରାଜାଗଣ ଓଡ଼ିଶାକୁ ସୁରକ୍ଷା

ଦେଇପାରିଥିଲେ । ପ୍ରାୟ ଦୁଇଶହରୁ ଊର୍ଦ୍ଧ୍ୱବର୍ଷ ଧରି ଓଡ଼ିଶାର ଶାସନ କାର୍ଯ୍ୟ ସେମାନଙ୍କ ହସ୍ତରେ ନ୍ୟସ୍ତ ଥିଲା । ସେମାନଙ୍କ ସମୟରେ ଉଭୟ ଶାକ୍ତ ଓ ଶୈବ ମତବାଦ ଓଡ଼ିଶାକୁ ସମଗ୍ର ବିଶ୍ୱରେ ପ୍ରସିଦ୍ଧି ଆଣି ଦେଇଥିଲା । କଳା, ବାଣିଜ୍ୟ, ସାହିତ୍ୟ ଓ ଶାସନ ଇତ୍ୟାଦି କ୍ଷେତ୍ରରେ ଓଡ଼ିଶାର ମେରୁଦଣ୍ଡ ସବଳ ହେବାରେ ଲାଗିଥିଲା । ସମଗ୍ର ବିଶ୍ୱରେ ଓଡ଼ିଶା ଏକ ସ୍ୱତନ୍ତ୍ର ସ୍ଥାନର ଅଧିକାରୀ ହୋଇପାରିଥିଲା । ସୋମବଂଶୀ ରାଜାଗଣ ମୁଖ୍ୟତଃ ଶୈବ ଧର୍ମାବଲମ୍ବୀ ଥିବାରୁ ଅନେକ କାରୁକାର୍ଯ୍ୟ ପରିପୂର୍ଣ୍ଣ ଶୈବପୀଠ ସ୍ଥାପନ କରିବା ସହିତ ଶୈବଧର୍ମ ଅନ୍ତର୍ଗତ ଅନେକ ଧର୍ମଗ୍ରନ୍ଥ ପ୍ରଣୟନ କରିବା ପାଇଁ କବି, କଳାକାରମାନଙ୍କୁ ଉତ୍ସାହିତ କରୁଥିଲେ ।

ସୋମବଂଶର ପତନ ପରବର୍ତ୍ତୀ କାଳରେ ଓଡ଼ିଶାରେ ଆଉ ଏକ ରାଜବଂଶ ମୁଣ୍ଡଟେକି ଦଣ୍ଡାୟମାନ ହୋଇଥିଲା । ତାହା ହେଉଛି ଗଙ୍ଗବଂଶ । ଗଙ୍ଗବଂଶର ପ୍ରଭାବଶାଳୀ ଶାସକ ଅନନ୍ତବର୍ମା ଚୋଡ଼ଗଙ୍ଗ ଦେବ, ଅନଙ୍ଗଭୀମ ଦେବ ଓ ନରସିଂହ ଦେବଙ୍କ ସୁଶାସନ ତଥା ପ୍ରଜାମଙ୍ଗଳକାରୀ କାର୍ଯ୍ୟକଳାପ ପାଇଁ କଳିଙ୍ଗର ମୂଳଦୁଆ ଦୃଢ଼ତର ହେବାକୁ ଲାଗିଲା । ଯାହାକି କଳିଙ୍ଗ ସାମ୍ରାଜ୍ୟ ପାଇଁ ଏକ ସ୍ୱର୍ଣ୍ଣଯୁଗର ଆଭାସ ଆଣି ଦେଇଥିଲା । ଏହି ରାଜବଂଶର ରାଜତ୍ୱ କାଳରେ ଓଡ଼ିଶାରେ ଅନେକ ମନ୍ଦିର, ଧର୍ମପୀଠ ଇତ୍ୟାଦିର ମୂଳଦୁଆ ପଡ଼ିଥିଲା । ପୁରୀର ଶ୍ରୀଜଗନ୍ନାଥ ମନ୍ଦିର, ଭୁବନେଶ୍ୱରର ଅନନ୍ତ ବାସୁଦେବ ମନ୍ଦିର, କୋଣାର୍କର ସୂର୍ଯ୍ୟମନ୍ଦିର ଇତ୍ୟାଦି ଗଙ୍ଗ ରାଜବଂଶର ଏକ ଏକ ଅମ୍ଳାନ କୀର୍ତ୍ତି । ଓଡ଼ିଶାର କଳା, ସଂସ୍କୃତିକୁ ସୁଦୂରପ୍ରସାରୀ କରିବା କ୍ଷେତ୍ରରେ ଗଙ୍ଗ ରାଜବଂଶର ମହନୀୟତା ପ୍ରତିପାଦିତ ହୋଇଥାଏ । ବିଶ୍ୱ ଦରବାରରେ ଓଡ଼ିଶା ଯଦି ସ୍ୱତନ୍ତ୍ର ଭାବେ ମର୍ଯ୍ୟାଦା ହାସଲ କରିପାରିଛି ତାହା ହେଉଛି ଗଙ୍ଗବଂଶୀ ନରପତିଗଣଙ୍କର ଅମୂଲ୍ୟ ଅବଦାନର ଫଳଶ୍ରୁତି ।

ଦୀର୍ଘଦିନ ଧରି ଓଡ଼ିଶାର ଭିତ୍ତିଭୂମିକୁ ସୁଦୃଢ଼ କରି ଆସିଥିବା ଗଙ୍ଗବଂଶୀ ନରପତି ଗଣଙ୍କର ଶାସନର ସୂର୍ଯ୍ୟାସ୍ତ ହେବାକୁ ଲାଗିଲା । ଏହି ବଂଶର ନରପତି ନିଃଶଙ୍କ ଭାନୁଦେବ (୪ର୍ଥ) ମହାପରାକ୍ରମଶାଳୀ ସୂର୍ଯ୍ୟବଂଶର ଶ୍ରେଷ୍ଠ ନରପତି କପିଳେନ୍ଦ୍ର ଦେବଙ୍କ ଦ୍ୱାରା ଯୁଦ୍ଧରେ ପରାଜୟ ବରଣ କରି ଓଡ଼ିଶାର ଶାସନ କାର୍ଯ୍ୟ ସୂର୍ଯ୍ୟବଂଶୀ ରାଜାଙ୍କୁ ହସ୍ତକ୍ଷେପ କରିଥିଲେ । ଗଜପତି କପିଳେନ୍ଦ୍ର ଦେବ, ତାଙ୍କ ପୁତ୍ର ପୁରୁଷୋତ୍ତମ ଦେବ ଏବଂ ନାତି ପ୍ରତାପରୁଦ୍ର ଦେବ ଅନେକ ବର୍ଷ ଧରି ଓଡ଼ିଶାର ଶାସନ ଦାୟିତ୍ୱ ନିଜ ହସ୍ତକୁ ନେଇଥିଲେ । ସେମାନଙ୍କ ସମୟରେ ଓଡ଼ିଶାର କଳା, ସଂସ୍କୃତି କ୍ଷେତ୍ରରେ ଯଥେଷ୍ଟ ଉନ୍ନତି ହୋଇପାରି ନ ଥିଲେ ମଧ୍ୟ ଓଡ଼ିଆ ସାହିତ୍ୟ କ୍ଷେତ୍ରରେ ଅଗ୍ରଣୀ ସଫଳତା ଦେଖିବାକୁ ମିଳିଥିଲା । ଓଡ଼ିଆ ସାହିତ୍ୟକୁ ପରିପୁଷ୍ଟ କରିବା

ପାଇଁ ସୂର୍ଯ୍ୟବଂଶୀ ନରପତିଗଣ ଯଥେଷ୍ଟ ପ୍ରଚେଷ୍ଟା କରିଥିଲେ। ସ୍ୱୟଂ କପିଳେନ୍ଦ୍ର ଦେବ 'ପର୍ଶୁରାମ ବ୍ୟାଯୋଗ' ନାମରେ ଏକ ନାଟକ ରଚନା କରି ସେଥିରେ ସଂସ୍କୃତ ସଂଗୀତ ପରିବର୍ତ୍ତେ ଏକ ଓଡ଼ିଆ ସଂଗୀତର ସଂଯୋଜନା କରିଥିଲେ। ସଂଗୀତଟିକୁ ରାଣୀ ଚନ୍ଦ୍ରବଦନାଙ୍କ ମୁଖରେ ବୋଲାଇ ଜଣେ ଦକ୍ଷ ଓଡ଼ିଆର ପରିଚୟ ବହନ କରିଥିଲେ। କପିଳେନ୍ଦ୍ର ଦେବଙ୍କ ସମୟରେ ଓଡ଼ିଆ ଭାଷାରେ ସାହିତ୍ୟ ସୃଷ୍ଟି ହୋଇଥିଲା। ଆଦିକବି ସାରଳା ଦାସଙ୍କ 'ମହାଭାରତ', 'ବିଲଙ୍କା ରାମାୟଣ', 'ଚଣ୍ଡୀପୁରାଣ', ପଞ୍ଚସଖା ବୟୋଜ୍ୟେଷ୍ଠ ବଳରାମ ଦାସ, ଜଗମୋହନ ରାମାୟଣ, 'ବିଲଙ୍କା ରାମାୟଣ', ଜଗନ୍ନାଥ ଦାସ ଓଡ଼ିଆ 'ଭାଗବତ', ଅଚ୍ୟୁତାନନ୍ଦଙ୍କ 'ହରିବଂଶ', 'ମାଳିକା' ଇତ୍ୟାଦି ଓଡ଼ିଆ ଗ୍ରନ୍ଥ ସୃଷ୍ଟି ହୋଇଥିଲଶ।

କପିଳେନ୍ଦ୍ର ଦେବ ଥିଲେ ଓଡ଼ିଆ ମାଟିର ସନ୍ତାନ। ତାଙ୍କ ପୂର୍ବରୁ ଓଡ଼ିଶାକୁ ଶାସନ କରୁଥିବା ସୋମବଂଶୀ ଏବଂ ଗଙ୍ଗବଂଶୀ ରାଜାଗଣ ଯଥାକ୍ରମେ କୋଶଳ ଏବଂ ଆନ୍ଧ୍ର ଅଞ୍ଚଳରୁ ଆସିଥିଲେ। ଏମାନଙ୍କ ଅପେକ୍ଷା କପିଳେନ୍ଦ୍ର ଦେବଙ୍କ ସମୟରେ ଓଡ଼ିଶାର ବାତାବରଣରେ ଅନେକ ପରିବର୍ତ୍ତନ ଆସିଥିଲା। ଗଙ୍ଗାଠାରୁ କାବେରୀ ପର୍ଯ୍ୟନ୍ତ ସାମ୍ରାଜ୍ୟ ବିସ୍ତାର କରି ଓଡ଼ିଶାର ଭୌଗୋଳିକ ସୀମାରେଖାକୁ ପ୍ରସାରିତ କରିଥିଲେ। ଏଣୁ ତାଙ୍କ ରାଜତ୍ୱ କାଳରେ ହିଁ ଓଡ଼ିଆ ସାହିତ୍ୟର ଅଭ୍ୟୁଦୟର ଅନୁକୂଳ ସମୟ ସୃଷ୍ଟି ହୋଇଥିଲା।

ଓଡ଼ିଆ ସାହିତ୍ୟର ଆଦ୍ୟସ୍ରଷ୍ଟା ଭାବରେ ଆମେ ପଞ୍ଚସଖାଗଣଙ୍କୁ ଗ୍ରହଣ କରିଥାଉ। କାରଣ ସେମାନଙ୍କ ଦ୍ୱାରା ହିଁ ଓଡ଼ିଆ ସାହିତ୍ୟରେ ଭକ୍ତିଧାରା ନିର୍ଝରିତ ହୋଇଥିଲା। ଆଧାତ୍ମିକ ଚିନ୍ତାଧାରା, ପିଣ୍ଡ ବ୍ରହ୍ମାଣ୍ଡ ତତ୍ତ୍ୱ, କାୟା ସାଧନା, ବ୍ରହ୍ମ ଉପାସନା ଦ୍ୱାରା ଗୋଟିଏ ସୁପ୍ତ ଜାତିକୁ ସେମାନେ ପୁନର୍ବାର ଈଶ୍ୱରାଭିମୁଖୀ ହେବାର ଚେତନା ଭରି ଦେଇଥିଲେ। ବାରମ୍ବାର ଯୁଦ୍ଧ କରି କରି ଭାରାକ୍ରାନ୍ତ ଅନୁଭବ କରୁଥିବା ଏକ ଜାତିକୁ ପୁନର୍ବାର ଐଶ୍ୱରୀକ ଚେତନାର ସହଭାଗୀହେବା ପାଇଁ ଆହ୍ୱାନ ଦେଇଥିଲେ। ଫଳରେ ଅନେକ କବି ସେମାନଙ୍କ ଚିନ୍ତାଧାରା ଦ୍ୱାରା ଉଦ୍‌ବୁଦ୍ଧ ହୋଇ ଅନେକ ଭଜନ, ଜଣାଣ ତଥା ଭକ୍ତିଭାବପୂର୍ଣ୍ଣ କବିତା ଲେଖିବାକୁ ଆରମ୍ଭ କରିଥିଲେ। ସେମାନଙ୍କ ଭକ୍ତିପୂର୍ଣ୍ଣ ମହାର୍ଘ୍ୟ ଶ୍ରୀଜଗନ୍ନାଥଙ୍କ ଚରଣରେ ଅର୍ପଣ କରିଥିଲେ। ସୂର୍ଯ୍ୟବଂଶର ପତନ ପରେ ଓଡ଼ିଶାରେ ଆଫଗାନ ଓ ମୋଗଲମାନଙ୍କର ଶାସନ ଦୀର୍ଘଦିନ ଧରି ଓଡ଼ିଶାର ମେରୁଦଣ୍ଡକୁ ଦୁର୍ବଳ କରିଦେଇଥିଲା। ଶାସନ କ୍ଷେତ୍ରରେ ଓଡ଼ିଶାର ଦୁର୍ବଳତା ପରିଲକ୍ଷିତ ହେଉଥିଲେ ମଧ୍ୟ ସାହିତ୍ୟ କ୍ଷେତ୍ରରେ କୌଣସି କୁପ୍ରଭାବ ପଡ଼ି ନ ଥିଲା। ଫଳରେ ଓଡ଼ିଶାର କବିଗଣ ନିଜର ଚତୁରତାର ନିଦର୍ଶନ ଦର୍ଶାଇ ରୀତିକାବ୍ୟ ଶୈଳୀରେ ଅନେକ

କାବ୍ୟ କବିତା ରଚନା କରିବା ସହିତ ବୈଦେଶିକ ଆକ୍ରମଣରୁ ରକ୍ଷା ପାଇବା ପାଇଁ ସ୍ୱଇଷ୍ଟଙ୍କୁ ସ୍ମରଣ କରି ଭକ୍ତିଭାବରେ ଶ୍ରଦ୍ଧାଞ୍ଜଳି ଅର୍ପଣ କରି କାବ୍ୟମାନ ରଚନା କରୁଥିଲେ । ମୋଗଲମାନଙ୍କ ପରେ ଓଡ଼ିଶାର ଶାସନଭାର ମରହଟ୍ଟାଙ୍କୁ ପ୍ରାପ୍ତ ହୋଇଛି । ସେମାନେ ହିନ୍ଦୁ ଧର୍ମାବଲମ୍ବୀ ଥିବାରୁ ଧନରତ୍ନ ଲୋଭରେ ଓଡ଼ିଶାକୁ ଆକ୍ରମଣ କରିଥିଲେ ମଧ୍ୟ ଓଡ଼ିଶାର କଳା ସ୍ଥାପତ୍ୟ ଉପରେ କୌଣସି ଆଞ୍ଚ ଆଣି ନ ଥିଲେ । ମନ୍ଦିର ଓ ଧର୍ମପୀଠଗୁଡ଼ିକ ତା'ର ପୂର୍ବବର୍ତ୍ତୀ ଅବସ୍ଥାରେ ହିଁ ସୁରକ୍ଷିତ ଥିଲା । ଫଳରେ କେତେକ ପ୍ରତିଭାବାନ୍ କବି ଏହି ମଠ, ମନ୍ଦିର ଇତ୍ୟାଦିର ସଂରକ୍ଷଣର ଦାୟିତ୍ୱ ନେବା ସହ ସେଠାରେ ରହି ବିଭିନ୍ନ ଭଜନ, ଜଣାଣ, ଚମ୍ପୂ, ଭକ୍ତି ସଂଗୀତ ଇତ୍ୟାଦି ରଚନା କରିଥିଲେ । ସ୍ୱାଧୀନ ଭାବରେ କାବ୍ୟ ରଚନା କରିବାର ସୌଭାଗ୍ୟ ଅର୍ଜନ କରିଥିଲେ ଫଳରେ ଅସଂଖ୍ୟ କାବ୍ୟ ରଚିତ ହୋଇଛି ଏହି ଶାସନ କାଳରେ ।

ମରହଟ୍ଟାଙ୍କ ପରେ ଓଡ଼ିଶାରେ ଇଂରେଜ ଶାସନର ସମୟ ଆରମ୍ଭ ହୋଇଛି, ଯାହା ଓଡ଼ିଶାକୁ ଏକ ବିପଦସଙ୍କୁଳ ପରିସ୍ଥିତିରେ ଆଣି ପହଞ୍ଚାଇ ଦେଇଥିଲା । ଓଡ଼ିଶାବାସୀ ତାଙ୍କ ସହନଶୀଳତାର ପରିଚୟ ଦେବା ସହିତ ଦୃଢ଼ ମନୋଭାବ ରଖି ସାହିତ୍ୟ ରଚନା କ୍ଷେତ୍ରରେ ଅଗ୍ରସର ହୋଇଥିଲେ । ଇଂରେଜମାନେ ଆସିବା ପରେ ଅନେକ ନୂତନ ତତ୍ତ୍ୱ ସାହିତ୍ୟରେ ପ୍ରବେଶ କରିଥିଲା । ପାଶ୍ଚାତ୍ୟ ଚିନ୍ତାଧାରା ସାହିତ୍ୟରେ ପ୍ରତିଫଳିତ ହୋଇଥିଲା ।

ଓଡ଼ିଶାର ସୁଦୀର୍ଘ ଇତିହାସକୁ ଅବଲୋକନ କଲେ ଛିନ୍ନ ଭିନ୍ନତାର ଆର୍ତ୍ତନାଦ ମଧ୍ୟରେ ଏକ ଦୃଢ଼ ଜାତିର ପରିଚୟ ମିଳିଥାଏ । ପ୍ରତିକୂଳ ଅବସ୍ଥାରେ ମଧ୍ୟ ନୂତନ ଆଶାର କିରଣ ବିଚ୍ଛୁରିତ ହେଉଥିଲା । ଏହି ସମୟରେ ପ୍ରଚଣ୍ଡ ଲୁଣ୍ଠନକାରୀ ଯବନ ସୁବେଦାର ଲାଲବେଗଙ୍କର ଶ୍ରୀକ୍ଷେତ୍ର ଆଗମନ ହୋଇଥିଲା ।

ସାଲବେଗଙ୍କ ପିତା ଲାଲବେଗ ଥିଲେ ଜଣେ ଦୁର୍ଦ୍ଧର୍ଷ ଲୁଣ୍ଠନକାରୀ । ଯାହାଙ୍କ ପ୍ରକୃତ ନାମ 'ଜାହାଙ୍ଗୀର କୁଲୀ ଖାଁ' ଥିବା କଥା ମିର୍ଜା ନାଥନ୍‌ଙ୍କ 'ବାହାରିସ୍ତାନ-ଇ-ଘାଇବି' ପୁସ୍ତକରୁ ଜଣାଯାଏ । ତାଙ୍କର ଡାକ ନାମ ଥିଲା 'ଲାଲବେଗ' । ଲାଲଗେବ ନିଜର ଗଭୀର ବୁଦ୍ଧି ବଳରେ ଦିଲ୍ଲୀ ବାଦଶାହଙ୍କର ପ୍ରିୟପାତ୍ର ହେବା ପାଇଁ ଆପ୍ରାଣ ଚେଷ୍ଟା କରିଥିଲେ । ପରବର୍ତ୍ତୀ ସମୟରେ ବାଦଶାହଙ୍କ ପ୍ରିୟଭାଜନ ହେବା ପରେ ୧୬୦୭ରେ ବଙ୍ଗଳାର ସୁବାଦାର ଭାବରେ ନିଯୁକ୍ତି ପାଇଥିଲେ । ଏହି ସମୟରେ ଖୋର୍ଦ୍ଧାର ଗଜପତି ଥିଲେ ପୁରୁଷୋତ୍ତମ ଦେବ । ଯିଏକି ଶ୍ରୀମନ୍ଦିରର ରକ୍ଷଣାବେକ୍ଷଣ କାର୍ଯ୍ୟ କରୁଥିଲେ । ତାଙ୍କ ସମୟରେ ଓଡ଼ିଶା ଓ ବଙ୍ଗଳା ଗୋଟିଏ ସୁବାଦାରଙ୍କ ଅଧୀନରେ ଥିବାବେଳେ ଲାଲବେଗ ଓଡ଼ିଶାକୁ ଏକ ସ୍ୱତନ୍ତ୍ର ସୁବାରେ ପରିଣତ କରି ତା' ଉପରେ

ନିଜର ଲୁଣ୍ଠନକାରୀ ଦୃଷ୍ଟି ନିକ୍ଷେପ କରିଥିଲେ। ତାଙ୍କର ହିନ୍ଦୁ ବିଦ୍ୱେଷ ନୀତି ଓଡ଼ିଶାର ପବିତ୍ର ମାଟିକୁ ଅପବିତ୍ର କରିଦେଇଥିଲା। ଶ୍ରୀମନ୍ଦିରକୁ ଲୁଣ୍ଠନ କରି ଚତୁର୍ଦ୍ଧା ମୂର୍ତ୍ତିଙ୍କୁ ନଷ୍ଟଭ୍ରଷ୍ଟ କରିବା ଥିଲା ତାଙ୍କର ଏକମାତ୍ର ଲକ୍ଷ୍ୟ। ତେଣୁ ନିଜର ପ୍ରଚଣ୍ଡ ମୋଗଲ ବାହିନୀକୁ ସାଙ୍ଗରେ ଧରି ଲାଲବେଗ ପୁରୀର ଶ୍ରୀମନ୍ଦିରକୁ ଲୁଣ୍ଠନ କରିବାର ପ୍ରୟାସ କରିଥିଲେ।

'ଦାର୍ଢ୍ୟତା ଭକ୍ତି ରସାମୃତ'ର ପ୍ରଣେତା କବି ରାମଦାସ ଲାଲବେଗଙ୍କ ଓଡ଼ିଶା ଆକ୍ରମଣର କାହାଣୀକୁ ବର୍ଣ୍ଣନା କରି ଲେଖିଛନ୍ତି-

"କଟକ ନାମରେ ସହର, ଲାଲବାଗରେ ତା'ର ଘର।
ଜାତିରେ ଅଟଇ ପଠାଣ, ତାହାର କଥା ଏବେ ଶୁଣ॥
ମୁଗୁଲାନାମେ ଲାବେଗ, ତାହାର ପୁତ୍ର ସାଲବେଗ।
ତାହାର ଜନ୍ମ କର୍ମ ଯେତେ, ଶୁଣ କହିବବା ଶୁଦ୍ଧଚିତ୍ତେ॥
ସେ ଲାଲବେଗ ଅତି ଦୁଷ୍ଟ, ଖଳ ପ୍ରପଞ୍ଚ ବୁଦ୍ଧି ନଷ୍ଟ।
ଶ୍ରୀ ଗଜପତି ଦଣ୍ଡଧାରୀ, ସଙ୍ଗତେ ଶତ୍ରୁପଣ କରି॥"

ନିଜର ସୈନ୍ୟବାହିନୀକୁ ଧରି ଶ୍ରୀକ୍ଷେତ୍ର ଅଭିମୁଖେ ଯାତ୍ରା କରିବା ସମୟରେ ସାଲବେଗ ପୁରୀର ଦାଣ୍ଡ ମୁକୁନ୍ଦପୁର ଶାସନ ମଧ୍ୟଦେଇ ଯାଇଛନ୍ତି। ଏହି 'ଦାଣ୍ଡ ମୁକୁନ୍ଦର' ଶାସକ ଓଡ଼ିଶାର ଶେଷ ସ୍ୱାଧୀନ ରାଜା ଗଜପତି ମୁକୁନ୍ଦ ଦେବଙ୍କ ଦ୍ୱାରା ପ୍ରତିଷ୍ଠା କରାଯାଇଥିବାର ଇତିହାସ ରହିଛି। ଏଠାରେ ସେ ସାତଶହ ବାଉନ ଜଣ ନୈଷ୍ଠିକ ବେଦାଧ୍ୟୀ ବ୍ରାହ୍ମଣଙ୍କୁ 'ମହାଜନ' ରୂପେ ସ୍ୱୀକାର କରି ଦାନ ଦେଇଥିବାର କିମ୍ବଦନ୍ତୀ ରହିଛି। ଏହି ବ୍ରାହ୍ମଣ ଶାସନର ପ୍ରକୃତ ନାମ ଥିଲା 'ଦାନ ମୁକୁନ୍ଦପୁର'। ପରବର୍ତ୍ତୀ ସମୟରେ ଏହା 'ଦାଣ୍ଡ ମୁକୁନ୍ଦପୁର'ରେ ପରିଣତ ହୋଇଥିଲା।

ଏକଦା ଲାଲବେଗ ତାଙ୍କର ସୈନ୍ୟବାହିନୀ ଧରି ଶ୍ରୀକ୍ଷେତ୍ରକୁ ଆକ୍ରମଣାଭିମୁଖେ ଆସୁଥିବା ସମୟରେ ସେହି ଶାସନର ଜନୈକା ବ୍ରାହ୍ମଣୀ ବିଧବା ଯୁବତୀ ସ୍ନାନ କରିବା ନିମନ୍ତେ ନିକଟସ୍ଥ ଜଳ ଘାଟକୁ ଯାଇଥିଲା। ଯବନ ସୈନ୍ୟଙ୍କ ଆଗମନ ଦେଖି ଅନନ୍ୟୋପାୟ ହୋଇ ସେହିଠାରେ ସ୍ତମ୍ଭୀଭୂତ ହୋଇ ରହିଗଲା। ଯୁବତୀର ଅନନ୍ୟ ରୂପ ମାଧୁର୍ଯ୍ୟରେ ମୁଗ୍ଧ ହୋଇ ଲାଲବେଗ ତାକୁ ବଳପୂର୍ବକ ଅପହରଣ କରି ନିଜ ସହ ଶିବିରକୁ ନେଇଯାଇଥିଲେ। ବ୍ରାହ୍ମଣୀଙ୍କର ରୂପମାଧୁର୍ଯ୍ୟ ଏତେ ମୁଗ୍ଧକର ଥିଲା ଯେ ଲାଲବେଗ ତାଙ୍କୁ ଆଭୂଷଣ ମଣ୍ଡିତା କରାଇ ନିଜର ପତ୍ନୀ ଭାବରେ ଶିବିରରେ ରଖିଥିଲେ। ଶିବିରରେ କିଛିଦିନ ରହିବା ପରେ ବ୍ରାହ୍ମଣୀ ନିଜର ବଂଶ, ପରିବାର କଥା ଭୁଲିଯାଇ ସୁଖରେ ଜୀବନଯାପନ କରିବାକୁ ଲାଗିଥିଲେ। ଏପରି ଭାବରେ

ଲାଲବେଗଙ୍କ ସଂସ୍ପର୍ଶରେ ଆସିବା ଫଳରେ କିଛିଦିନ ପରେ ସାଲବେଗ ଜନ୍ମ ଗ୍ରହଣ କରିଥିଲେ। ତାଙ୍କ ପିତା ଲାଲବେଗ ପୁତ୍ର ଜାତ ହବା ଖୁସିରେ ତା'ର ନାମ ସାଲବେଗ ରଖିଥିଲେ। ଏ ସମ୍ବନ୍ଧରେ ରାମଦାସଙ୍କ 'ଦାର୍ଢ୍ୟତା ଭକ୍ତି'ରେ ଉଲ୍ଲେଖ ଅଛି-

"ଗ୍ରାମମାନଙ୍କେ ଯେ ଉତ୍ତ, ଦାଣ୍ଡ ମୁକୁନ୍ଦପୁର ନାମ।

XXX

ଛାଡ଼ିଣ ବ୍ରାହ୍ମଣ ଶାସନ, ପଳାଇ ଗଲେ ସର୍ବଜନ।
ତହିଁ ଏକ ବିଧବା ନାରୀ, ଯାଇଥିଲା ଯେ ସ୍ନାନ କରି।
ଏକାକୀ ଜନ ଜଳଘାଟେ, ସୈନ୍ୟ ତା' ଦେଖିଲା ନିକଟେ।

XXX

ଏକେ ବ୍ରାହ୍ମଣୀ ଦୁଜେ ଯୁବା, କେ କହିପାରେ ତା'ର ଶୋଭା।

XXX

ଅନେକ ଅଳଙ୍କାରମାନ, ତା' ଅଙ୍ଗେ କଲାକ ମଣ୍ଡନ
ଝୀନ ବସନ ପିନ୍ଧାଇଲା, ନାନା କୁସୁମେ ବେଶ କଲା।
ସର୍ବାଙ୍ଗେ ଗନ୍ଧସାର ବୋଲି, ତା' ସଙ୍ଗେ କଲା କାମକେଳି।
ନାନା ବିନୋଦେ ମନମୋହି, କୁଟୁମ୍ବ ଦେଲା ପାସୋରାଇ।

XXX

ଏମନ୍ତେ କେତେ ଦିନ ଗଲା, ସେ ନାରୀ ପୁତ୍ର ପ୍ରସବିଲା।"

ଏହିପରି ଭାବରେ ଲାଲବେଗ ଶ୍ରୀକ୍ଷେତ୍ର ଉପରେ ଆକ୍ରମଣ କରିବା ସମୟରେ ଜନୈକା ହିନ୍ଦୁ ବିଧବା ବ୍ରାହ୍ମଣୀଙ୍କୁ ବିବାହ କରି ଯିଏ ପରବର୍ତ୍ତୀ ସମୟରେ ଫତିମା ବିବି ଭାବରେ ପରିଚୟ ବହନ କରିଥିଲେ। ଲାଲବେଗ ଏହି ହିନ୍ଦୁ ବ୍ରାହ୍ମଣୀଙ୍କୁ ଅପହରଣ କରି ନେଇ କିଛିଦିନ କଟକସ୍ଥି ଶିବିରରେ ରଖିଥିଲେ। ସେଠାରେ ସେ ଏକ ଅଟ୍ଟାଳିକା ନିର୍ମାଣ କରିଥିଲେ। ଯାହାକୁ ସେ 'ଲାଲବେଗ କୋଠି' ନାମକରଣ କରିଥିଲେ। ଏହି 'ଲାଲବେଗ କୋଠି' ଯବନ ଆକ୍ରମଣର ଇତିହାସକୁ ତା'ର ଚାରିକାନ୍ଥ ମଧ୍ୟରେ ଆବଦ୍ଧ କରି ରଖିଛି। ସେହି ସ୍ଥାନର ରେଣୁରେ ମଧ୍ୟ ଲାଲବେଗଙ୍କ ଗର୍ବର କାଣ୍ଡର ସ୍ପର୍ଶ ଜୀବିତ ଅଛି। ଯାହାକି କଟକର ଚାନ୍ଦିନୀଚୌକ ଅଞ୍ଚଳରେ 'ଲାଲ୍‌ବାଗ୍' ନାମରେ ସୁଖ୍ୟାତ।

ସାଲବେଗଙ୍କ ଜୀବନୀ:

"କହେ ସାଲବେଗ ହୀନ ଜାତିରେ ମୁଁ ଯବନ।" ବାସ୍ତବିକ ସାଲବେଗ ଥିଲେ ଯବନ ଭକ୍ତ। ଶ୍ରୀଜଗନ୍ନାଥଙ୍କର ପ୍ରିୟ ଭକ୍ତ। ଓଡ଼ିଶାର କୋଣ ଅନୁକୋଣରେ

ପାଠକୀୟ ଆଦୃତି ଲାଭ କରିଥିବା ସାଲବେଗଙ୍କ ଭଜନାବଳୀକୁ ପାଠକଲେ କେହି ଭୁଲ୍‌ରେ ମଧ୍ୟ ସାଲବେଗଙ୍କୁ ଯବନ କବି ବୋଲି ଆଖ୍ୟା ଦେଇପାରିବ ନାହିଁ। କାରଣ ତାଙ୍କ ଭଜନାବଳୀରେ ରହିଛି ଓଡ଼ିଆ ମାଟିର ବାସ୍ନା। ଓଡ଼ିଆ ଜାତିର ସ୍ପର୍ଶ। ଶ୍ରୀଜଗନ୍ନାଥଙ୍କର ଜଣେ ଅଦ୍ୱିତୀୟ ଭକ୍ତର ପରିଚୟ ବହନ କରିଛନ୍ତି ସାଲବେଗ। ଯବନ ହୋଇ ସୁଦ୍ଧା ଭଗବାନଙ୍କୁ ଭକ୍ତିର ଡୋରିରେ ବାନ୍ଧି ପାରିଛନ୍ତି। ଦୁର୍ଦ୍ଧର୍ଷ ଲୁଣ୍ଠନକାରୀ ପିତାଙ୍କ ଔରସରୁ ଜନ୍ମ ନେଇଥିଲେ ମଧ୍ୟ ତାଙ୍କ ମଧ୍ୟରେ ଭରି ରହିଥିଲା ଶ୍ରୀଜଗନ୍ନାଥଙ୍କ ପ୍ରତି ପ୍ରଗାଢ଼ ଅନୁରକ୍ତି। ସମଗ୍ର ଜୀବନକୁ ସେ ଉତ୍ସର୍ଗ କରିଥିଲେ ବିଭୁପ୍ରୀତିରେ। ଦିବାରାତ୍ର କେବଳ ତାଙ୍କରି ନାମ ସ୍ମରଣ ହିଁ ଥିଲା ତାଙ୍କ ପାଇଁ ଚରମ ଆନନ୍ଦର ବାରିଧାରା ସଦୃଶ।

କବି ସାଲବେଗ ଜାତିରେ ମୁସଲମାନ ଥିବା କଥା ଆମେ ସମସ୍ତେ ଜାଣିଛୁ। କିନ୍ତୁ କୌଣସି ସ୍ଥାନରେ ନିଜ ମାତା-ପିତା ତଥା ବଂଶ ଆଭିଜାତ୍ୟ ସଂପର୍କରେ କୌଣସି ସୂଚନା ଦେଇ ନାହାନ୍ତି। କେବଳ କେତେକ ପଦରେ ନିଜ ପିତାମାତାଙ୍କ ଜାତିର ସୂଚନା ପ୍ରଦତ୍ତ କରିଥିବାବେଳେ ସେମାନଙ୍କ ନାମ କିମ୍ବା ବୃତ୍ତି ବଣିଜ ସଂପର୍କରେ କୌଣସି ତଥ୍ୟ ଦେଇନାହାନ୍ତି। ବିଶିଷ୍ଟ ଲେଖକ ସ୍ୱର୍ଗତ ନୀଳମଣି ମିଶ୍ରଙ୍କ ଅନୁଯାୟୀ- "ଭକ୍ତକବି ରାମଦାସଙ୍କ 'ଦାର୍ଢ୍ୟତା ଭକ୍ତିରସାମୃତ'ରେ ପ୍ରଦତ୍ତ ସାଲବେଗ ଚରିତ ବ୍ୟତୀତ ଅନ୍ୟ କୌଣସି ସୂତ୍ରରୁ ସାଲବେଗଙ୍କର ପରିଚୟ ମିଳେ ନାହିଁ।" (ମିଶ୍ର ନୀଳମଣି - ଭକ୍ତକବି ସାଲବେଗ: ଜୀବନୀ ଓ ପଦ୍ୟାବଳୀ, ପୃ-୨୨)

ସାଲବେଗଙ୍କ ପିତା ଲାଲବେଗ ଥିଲେ ଜାତିରେ ଯବନ ଏବଂ ତାଙ୍କ ମାତା ଥିଲେ ହିନ୍ଦୁ ବ୍ରାହ୍ମଣୀ। ପିତା ଓ ମାତା ଉଭୟଙ୍କ ଜାତି ଥିଲା ଭିନ୍ନ ଏବଂ ଧର୍ମ ଥିଲା ଭିନ୍ନ। ଦୁଇଟି ଅଲଗା ସଂପ୍ରଦାୟର ଦମ୍ପତିଙ୍କ କୋଳରେ ସୁସନ୍ତାନ ରୂପେ ଜନ୍ମଗ୍ରହଣ କରିଥିଲେ ସାଲବେଗ। ତେଣୁ କବି ତାଙ୍କର ଭଜନାବଳୀ ଅନ୍ତର୍ଗତ କେତେକ ପଦରେ ନିଜର ପିତା ମାତାଙ୍କ ପରିଚୟ ଦେଇ ବର୍ଣ୍ଣନା କରିଛନ୍ତି-

"ବାପା ମୋ ମୋଗଲ ପୁଅ ମାଆ ମୋ ବ୍ରାହ୍ମଣୀ,
ଏ କୁଳେ ଜନ୍ମିଲେ ହିନ୍ଦୁ ନ ଖାଏ ମୋ ପାଣି।

XXX

ପିତା ମୋ ମୋଗଲ ବେଟା ମାତା ମୋ ବ୍ରାହ୍ମଣୀ,
ହୀନ କୁଳେ ଜାତି ମୁହିଁ ହିନ୍ଦୁ ନ ଛୁଏଁ ପାଣି।"

ଗଜରାଜ ଚିନ୍ତାକଲା ଥାଇ ଘୋର ଜଳେଣ
ରକ୍ତ ପେଷି ଚକ୍ର ନାଶି ଉଦ୍ଧାରିଲ ଆପଣ। ୨।
ତରୁ ସଭା ତଳେ ଶୁଣି ଦ୍ରୌପଦୀର ଜଣାଣ
କୋଟି ବସ୍ତ୍ର ଦେଇ କ୍ଷଣେ ଲଜ୍ଜା କଲ ବାରଣ। ୩।

XXX

କହେ ସାଲବେଗ ହୀନ ଜାତିରେ ମୁଁ ଯବନ
ଶ୍ରୀ ରଙ୍ଗା ଚରଣ ତଳେ କରୁଅଛି ଜଣାଣ। ୯।

ନିଜ ଭକ୍ତଙ୍କୁ ବିପଦରୁ ଉଦ୍ଧାର କରିବା ପାଇଁ ଭଗବାନ ସର୍ବଦା ତତ୍ପର ହୋଇ ଉଠନ୍ତି। କେତେବେଳେ ଗଜରାଜକୁ ମଗର ମୁଖରୁ ଉଦ୍ଧାର କରିବା ପାଇଁ ଆସିଛନ୍ତି ତ ପୁଣି କେତେବେଳେ ରାବଣର ଭାଇ ବିଭୀଷଣଙ୍କୁ ନିଜ ଚରଣରେ ସ୍ଥାନ ଦେଇଛନ୍ତି। ପାଣ୍ଡବମାନଙ୍କ ପତ୍ନୀ ଦ୍ରୌପଦୀଙ୍କୁ କୁରୁ ରାଜସଭାରେ ବସ୍ତ୍ରଦାନ କରି ଲଜ୍ଜା ମଧ୍ୟ ନିବାରଣ କରିଛନ୍ତି। ବୁଦ୍ଧ ଅବତାରରେ ନୀଳାଚଳରେ ଆବିର୍ଭାବ ହୋଇ ସଂସାରକୁ ବୁଦ୍ଧମୟ କରିଯାଇଛନ୍ତି। ତାଙ୍କର ଅପାର କରୁଣା, ଯାହାକୁ ବର୍ଣ୍ଣନା କରିବା ମଧ୍ୟ ଅସମ୍ଭବ।

ଯବନମାନଙ୍କ ଆକ୍ରମଣର ସେ ମର୍ମନ୍ତୁଦ କାହାଣୀ ଅତ୍ୟନ୍ତ ହୃଦୟ ବିଦାରକ। ବାରମ୍ବାର ଶ୍ରୀମନ୍ଦିର ଓ ଶ୍ରୀମହାପ୍ରଭୁଙ୍କୁ ଆକ୍ରମଣ କରି ଲୁଣ୍ଠନ କରିବାର ଉଦ୍ଦେଶ୍ୟକୁ ଚରିତାର୍ଥ କରିବା ପାଇଁ ଯବନ ସୈନ୍ୟ ବହୁ ପ୍ରଚେଷ୍ଟା କରିଥିଲେ। ଶ୍ରୀଜଗନ୍ନାଥଙ୍କୁ ସୁରକ୍ଷିତ ରଖିବା ପାଇଁ ପଣ୍ଡା, ସେବାୟତ ଶଗଡ଼ରେ ବିଗ୍ରହମାନଙ୍କୁ ଚିଲିକା ସ୍ଥାନାନ୍ତରଣ କରିବାର ସେହି ଦୁଃଖଦ ମୁହୂର୍ତ୍ତର କିମ୍ବଦନ୍ତୀକୁ ନେଇ ସାଲବେଗ ଅତି ଚମତ୍କାର ଭାବେ ବର୍ଣ୍ଣନା କରିଛନ୍ତି–

"କେଣେ ଘେନି ଯାଉଛ ଜଗନ୍ନାଥଙ୍କୁ
ଆମ୍ଭେ ଦ୍ରଶନ କରିବୁ କାହାକୁ?
କେଣେ ଘେନି ଯାଉଛ ଜଗନ୍ନାଥଙ୍କୁ
ଖୁଣ୍ଟିଆ ଡାକ ଦେଲେ,
ପହଣ୍ଡି ବିଜେ ହେଲେ।

XXX

କୁଳ ବଧୂଙ୍କର ରଡ଼ି ପଣ୍ଡାଏ ଗଡ଼ାଗଡ଼ି
ବିଧାତା ବାମ ହେଲା ଓଡ଼ିଶାକୁ।"

ପିତାମାତା ଉଭୟ ଦୁଇଟି ଅଲଗା ସଂପ୍ରଦାୟର ଥିଲେ ମଧ୍ୟ ସାଲବେଗ

ତାଙ୍କ ବାପାଙ୍କ ପରିଚୟ ବହନ କରି ବଡ଼ ହୋଇଥିଲେ। ତାଙ୍କ ପିତା ଥିଲେ ଜଣେ ଅତ୍ୟନ୍ତ ହୃଦୟହୀନ ବ୍ୟକ୍ତି। ଓଡ଼ିଶାରେ ରହି ମଧ୍ୟ ବାରମ୍ବାର ସେ ଓଡ଼ିଶା ଉପରେ ନିଜର ଲୋଲୁପ ଦୃଷ୍ଟି ନିକ୍ଷେପ କରିଥିଲେ। ବାରମ୍ବାର ଆକ୍ରମଣ କରି ଓଡ଼ିଶାର ସର୍ବସ୍ୱ ଲୁଟିବାକୁ ଚେଷ୍ଟା କରିଥିଲେ। ଜାହାଙ୍ଗୀର କୁଲୀ ଖାଁ ଓରଫ ଲାଲବେଗ ଖ୍ରୀ.ଅ. ୧୬୦୭ରୁ ୧୬୦୮ ମାତ୍ର ଏକ ବର୍ଷ ଧରି ବଙ୍ଗର ସୁବାଦାର ଥିଲେ। ସେହି ସମୟରେ ନିଜର ହିନ୍ଦୁବିଦ୍ୱେଷ ନୀତି ଅବଲମ୍ବନ କରି ଦିଲ୍ଲୀ ସୁଲତାନଙ୍କୁ ନିଜ ପ୍ରତି ଆକୃଷ୍ଟ କରାଇବା ପାଇଁ ସେ ବାରମ୍ବାର ଓଡ଼ିଶା ଆକ୍ରମଣ କରି ଆସୁଥିଲେ। ସେହି ସମୟରେ ପୁରୀ ଜିଲ୍ଲାର ଦାଣ୍ଡମୁକୁନ୍ଦପୁର ନାମକ ଏକ ଗ୍ରାମରେ ରହୁଥିବା ଜନୈକ ବିଧବା ବ୍ରାହ୍ମଣୀଙ୍କ ରୂପମାଧୁର୍ଯ୍ୟରେ ମୋହାବିଷ୍ଟ ହୋଇ ବଳପୂର୍ବକ ତାଙ୍କୁ ଅପହରଣ କରି ନେଇଥିଲେ। ଯୌନଲାଳସାକୁ ଚରିତାର୍ଥ କରିବା ସହିତ ତାଙ୍କୁ ନିଜର ପତ୍ନୀ କରି ରଖିଥିଲେ। ହିନ୍ଦୁ ବ୍ରାହ୍ମଣୀଙ୍କର ଜାତି ନଷ୍ଟ ହୋଇଥିଲେ ମଧ୍ୟ ମନ ମଧ୍ୟରୁ ତାଙ୍କର ଶ୍ରୀଜଗନ୍ନାଥଙ୍କ ପ୍ରତି ଅର୍ପଣ ମନୋଭାବ ନଷ୍ଟ ହୋଇ ଯାଇ ନ ଥିଲା। ସର୍ବଦା ସେ ଶ୍ରୀଜଗନ୍ନାଥଙ୍କୁ ସ୍ମରଣ କରୁଥିଲେ। ତାଙ୍କରି ସେବାରେ ନିଜକୁ ନିୟୋଜିତ କରି କାଳାତିପାତ କରୁଥିଲେ। କ୍ରମେ ଜନ୍ମ ନେଇଥିଲେ ଭକ୍ତକବି ସାଲବେଗ। ମାତାଙ୍କ ସଂସ୍କାରରେ ଲାଳିତପାଳିତ ହୋଇ ବଡ଼ ହେବାକୁ ଲାଗିଲେ। ପିତାଙ୍କ ସୈନ୍ୟବାହିନୀରେ ନିଯୁକ୍ତ ମଧ୍ୟ ହୋଇଥିଲେ। ଏକଦା ସାଲବେଗ ପିତାଙ୍କ ସହିତ ଯୁଦ୍ଧକୁ ଯାଇ ଆହତ ହୋଇ ଫେରିଥିଲେ। ଯେତେ ବୈଦ୍ୟ, ଔଷଧ ଆଦିର ଉପଚାର କରାଗଲେ ମଧ୍ୟ ସୁସ୍ଥତା ଲାଭ କରିପାରି ନ ଥିଲେ। ତେଣୁ ଜୀବନ ବଞ୍ଚିବାର ଆଶା ତ୍ୟାଗ କରିଦେଇଥିଲେ। ଏକଦା ସେ ନିଜର ବେଦନାଭରା କାହାଣୀକୁ ମାତାଙ୍କ ନିକଟରେ ପ୍ରକାଶ କଲେ। ତାଙ୍କର ମାତା ଫତିମା ବିଓ୍ୱି ଓରଫ୍ ବିଧବା ହିନ୍ଦୁ ବ୍ରାହ୍ମଣୀ ତାଙ୍କୁ ଶ୍ରୀଜଗନ୍ନାଥଙ୍କ ମହିମା ସଂପର୍କରେ ଅବଗତ କରାଇଥିଲେ। ଶ୍ରୀଜଗନ୍ନାଥଙ୍କୁ ଆଶ୍ରା କରି ତାଙ୍କ ନାମ ଭଜନ କଲେ ସେ ବ୍ୟାଧିମୁକ୍ତ ହେବେ ବୋଲି ମାତା ସାନ୍ତ୍ୱନା ଦେଇଥିଲେ। ଭଗବାନଙ୍କ ନାମକୀର୍ତ୍ତନ କରି ମଧ୍ୟ ଯେତେବେଳେ ସାଲବେଗ ତାଙ୍କ ରୋଗରୁ ଉପଶମ ପାଇବା ପରିବର୍ତ୍ତେ ଅଧିକ କଷ୍ଟ ପାଇଥିଲେ ସେ ପୁନର୍ବାର ମାତାଙ୍କୁ ସମସ୍ତ ବୃତ୍ତାନ୍ତ ଜଣାଇଥିଲେ। ପୁତ୍ରର ଏପରି ଦାରୁଣ କଷ୍ଟକୁ ମାତା ସହ୍ୟ କରି ନ ପାରି ସ୍ୱୟଂ ଭଗବାନଙ୍କ ପାଦପଦ୍ମରେ ଶରଣାପନ୍ନ ହୋଇଥିଲେ। ଏକଦା ସାଲବେଗ ଗଭୀର ନିଦ୍ରାରେ ଥିବା ସମୟରେ ସ୍ୱପ୍ନ ଦେଖିଲେ ଯେ ସ୍ୱୟଂ ଜଗନ୍ନାଥ ତାଙ୍କ ମୁଣ୍ଡ ପାଖରେ ବସି ତାଙ୍କ ରୁଗ୍‌ଣ ଶରୀରକୁ ସୁସ୍ଥ କରିବାର ଉପଚାର କରୁଛନ୍ତି। ରାତ୍ର ପାହି ସକାଳ ହେବା ମାତ୍ରେ ସାଲବେଗ ନିଦ୍ରା ତ୍ୟାଗ କରି ଯେତେବେଳେ ଦେଖିଲେ ତାଙ୍କ ଶରୀର ସଂପୂର୍ଣ୍ଣ

ଭାବେ ସୁସ୍ଥ ହୋଇଯାଇଛି ତାଙ୍କର ଆନନ୍ଦର ସୀମାର ଲହରୀ ଉଚ୍ଛୁର ହୋଇ ଉଠିଲା। ଭଗବାନ ଯେ ତାଙ୍କୁ ଏପରି ଏକ ମହାବିପତ୍ତିରୁ ଉଦ୍ଧାର କରିଛନ୍ତି, ତାଙ୍କ ଖୁସିର ସୀମାର ଆଉ ରହିଲା ନାହିଁ। କାରଣ ଭଗବାନ ହେଉଛନ୍ତି ଭକ୍ତର ଆଉ ଭକ୍ତ ଭଗବାନଙ୍କର। ଉଭୟ ଭକ୍ତିର ଡୋରରେ ପରସ୍ପର ସହିତ ବନ୍ଧା। ତେଣୁ ଭକ୍ତର ବିପତ୍ତି ବେଳେ କିପରି ବା ଭଗବାନ ତାକୁ ଏକାକୀ ଛାଡ଼ିଦେଇପାରିବେ? ଏପରି ଏକ ରହସ୍ୟମୟ ଘଟଣାର ମୂକସାକ୍ଷୀ ଥିଲେ ଭକ୍ତ ସାଲବେଗ। ସେହି ଘଟଣା ଘଟିବା ଦିବସରୁ ହିଁ ସେ ପାଲଟି ଯାଇଥିଲେ ଶ୍ରୀଜଗନ୍ନାଥଙ୍କର ଜଣେ ଏକନିଷ୍ଠ ଭକ୍ତ। ନିଜର ସମଗ୍ର ଜୀବନକୁ ତାଙ୍କରି ସେବାରେ ଅର୍ପଣ କରିବା ପାଇଁ ଥିଲେ ପ୍ରତିଶ୍ରୁତିବଦ୍ଧ।

ଶ୍ରୀଜଗନ୍ନାଥଙ୍କ କୃପାଦୃଷ୍ଟି ଯେ ବିଶାଳ ତାହା ସାଲବେଗ ହୃଦୟଙ୍ଗମ କରିପାରିଥିଲେ। ଶ୍ରୀମହାବାହୁଙ୍କ ପାଦପଦ୍ମରେ ନିଜକୁ ଉତ୍ସର୍ଗ କରି ତାଙ୍କର ଭଜନକୀର୍ତ୍ତନ ଗାନ କରିବାକୁ ସେ ମନସ୍ଥ କରିଥିଲେ। ସାଲବେଗ ନିଜର ତମାମ ଜୀବନ ଅବିବାହିତ ରହି ସାଧୁସନ୍ଥଙ୍କ ଗହଣରେ କାଳାତିପାତ କରୁଥିଲେ। ବହୁ ବର୍ଷ ଧରି ଉତ୍କଳରେ ରହି ଶ୍ରୀଜଗନ୍ନାଥଙ୍କ ନାମ ଭଜନ କରିବାରେ ପରେ ସେ ଇଚ୍ଛା କଲେ ଶ୍ରୀକୃଷ୍ଣଙ୍କ ଲୀଳାକ୍ରୀଡ଼ାର କ୍ଷେତ୍ର ବୃନ୍ଦାବନ ଯାଇ ଥରେ ବୁଲି ଆସିବା ପାଇଁ। ତେଣୁ ସେ ମାତାଙ୍କଠାରୁ ଆଶୀର୍ବାଦ ଗ୍ରହଣ କରି ବୃନ୍ଦାବନ ଅଭିମୁଖେ ଯାତ୍ରା ଆରମ୍ଭ କରିଥିଲେ। ସେଠାରେ ସେ ପ୍ରାୟତଃ ଏକବର୍ଷ କାଳ ରହିଥିଲେ। କିଶୋର ବୟସରୁ ପ୍ରତିବର୍ଷ ଶ୍ରୀଜଗନ୍ନାଥଙ୍କ ବିଭିନ୍ନ ପର୍ବପର୍ବାଣି ସହିତ ସେ ଜଡ଼ିତ ଥିଲେ। ତେଣୁ ଶ୍ରୀଗୁଣ୍ଡିଚା ପୂର୍ବରୁ ପୁରୀକୁ ପ୍ରତ୍ୟାବର୍ତ୍ତନ କରିବା ପାଇଁ ଇଚ୍ଛାକରି ସେ ଶ୍ରୀଗୁଣ୍ଡିଚା ଦର୍ଶନ ଅଭିମୁଖେ ପୁରୀ ଯାତ୍ରା କରିଥିଲେ। ବହୁଦିନ ଧରି ଚାଲିବା ଫଳରେ ସେ ବାଟରେ ଅସୁସ୍ଥ ହୋଇ ପଡ଼ିଥିଲେ। ଯାହାଫଳରେ ସେ ଶ୍ରୀଗୁଣ୍ଡିଚା ଯାତ୍ରା ଦିନ ଶ୍ରୀକ୍ଷେତ୍ରରେ ପହଞ୍ଚି ପାରି ନ ଥିଲେ। ଶ୍ରୀଗୁଣ୍ଡିଚା ହିଁ ଥିଲା ତାଙ୍କ ପାଇଁ ଏକମାତ୍ର ସୁଯୋଗ ଶ୍ରୀଜଗନ୍ନାଥଙ୍କୁ ଭେଟିବାର। କାରଣ ସେ ଯବନ ଥିବାରୁ ଶ୍ରୀମନ୍ଦିର ପ୍ରବେଶ ତାଙ୍କ ପାଇଁ ବାରଣ ଥିଲା। ତେଣୁ ସେ ମନେ ମନେ ଚିନ୍ତା କଲେ ଯେ ବାହୁଡ଼ା ଯାତ୍ରା ପୂର୍ବରୁ ପୁରୀରେ ଉପସ୍ଥିତ ହେବେ। ମାତ୍ର ଶରୀର ଅସୁସ୍ଥ କାରଣରୁ ସେ ସେଇ ସୁଯୋଗକୁ ମଧ୍ୟ ହରାଇବାର ଆଶଙ୍କା ସୃଷ୍ଟିହେଲା। ଏପଟେ ଶ୍ରୀଜଗନ୍ନାଥଙ୍କ ଭକ୍ତ ଓ ଭଗବାନଙ୍କ ମିଳନର ପର୍ବ ଆରମ୍ଭ ହୋଇସାରିଥିଲା। ବଡ଼ଦାଣ୍ଡରେ ଭକ୍ତଙ୍କ ଗହଣରେ ରଥାରୂଢ଼ ପ୍ରଭୁ ବିଜେ କରୁଛନ୍ତି ଗୁଣ୍ଡିଚା ମନ୍ଦିରକୁ। ମାଉସୀଘରେ ପୋଡ଼ପିଠା ଖାଇ ଆନନ୍ଦ ମନରେ ଆଗମନ ହେବେ ଜନ୍ମସ୍ଥଳୀକୁ। ଉତ୍ସବମୁଖର ହୋଇ ଉଠିଛନ୍ତି ଆଜି ଶ୍ରୀକ୍ଷେତ୍ରର ରେଣୁମାଳା।

ଶ୍ରୀକ୍ଷେତ୍ରରେ ପହଞ୍ଚି ରଥ ଉପରେ ଶ୍ରୀଜଗନ୍ନାଥଙ୍କୁ ଦର୍ଶନ କରିବାର ଇଚ୍ଛା

ସାଲବେଗଙ୍କର ମରିଯାଇ ନ ଥିଲା। ତେଣୁ ସେ କରୁଣତାର ସହିତ ଶ୍ରୀଜଗନ୍ନାଥଙ୍କୁ ନିଜର ଦୁଃଖ ଜଣାଇ ଆଗକୁ ଅଗ୍ରସର ହେବାକୁ ଲାଗିଲେ। ସେ ଜଗନ୍ନାଥଙ୍କ ନିକଟରେ ଗୁହାରି କରିଥିଲେ ଯେ ସେ ଶ୍ରୀକ୍ଷେତ୍ରରେ ନ ପହଞ୍ଚିବା ପର୍ଯ୍ୟନ୍ତ ମହାପ୍ରଭୁ ମନ୍ଦିର ମଧ୍ୟକୁ ପ୍ରବେଶ ନ କରନ୍ତୁ। ଏପରି ହେଲେ ସେ ପ୍ରଭୁଙ୍କ ଦର୍ଶନରୁ ବଞ୍ଚିତ ହେବେ। ଭକ୍ତିର ଡୋରିରେ ବନ୍ଧା ଭାବ ବିନୋଦିଆ ଠାକୁର ମଧ୍ୟ ଭକ୍ତର ଅନୁରୋଧ ରକ୍ଷା କରି ଅଟକି ଯାଇଥିଲେ ବଡ଼ଦାଣ୍ଡରେ। ରଥ ଉପରେ ଶ୍ରୀଜଗନ୍ନାଥ ବିଜେ କରିଥିଲେ ବଡ଼ଦାଣ୍ଡକୁ ସତ, ମାତ୍ର ତାଙ୍କ ପରମଭକ୍ତ ସାଲବେଗଙ୍କୁ ଦର୍ଶନ ନ କରି ସେ ବା କିପରି ଯାଇପାରିଥାନ୍ତେ ଗୁଣ୍ଡିଚା ମନ୍ଦିରକୁ ? ଭକ୍ତର ଭକ୍ତି ଭାବନାର ଆକର୍ଷଣ ଏତେ ଅଧିକ ଥିଲା ଯେ ସ୍ୱୟଂ ମହାପ୍ରଭୁ ରଥ ଉପରେ ଅପେକ୍ଷାରତ ଥିଲେ ଭକ୍ତର ଫେରିବା ବାଟକୁ। ସାଲବେଗ ନ ଆସିବା ଯାଏଁ ନନ୍ଦିଘୋଷ ରଥର ଚକ ତିଳେ ମାତ୍ର ଘୁଞ୍ଚିଲା ନାହିଁ। ତେଣୁ କବି ନିଜର ଗୁହାରିକୁ ଭଜନ ମାଧ୍ୟମରେ ଲେଖିଛନ୍ତି-

"ଜଗବନ୍ଧୁ ହେ ଗୋସାଇଁ !
ତୁମ୍ଭ ଶ୍ରୀ ଚରଣ ବିନ୍ଦୁ ଅନ୍ୟଗତି ନାହିଁ
ସାତଶ ପଞ୍ଚାଶ କୋଶ ଦିଗ ଦିଶୁନାହିଁ,
ମୋହ ଯିବା ଯାଏ ନନ୍ଦିଘୋଷେ ଥିବ ରହି।"

ସାଲବେଗ ଥିଲେ ଶ୍ରୀଜଗନ୍ନାଥଙ୍କ ଏକନିଷ୍ଠ ଭକ୍ତ। ଶୁଦ୍ଧଭକ୍ତିର ସାର୍ଥକ ନିଦର୍ଶନ ରହିଥିଲା ତାଙ୍କ ବିଭୁପ୍ରୀତିରେ। ସାତଶହ ପଚାଶ କୋଶ ଦୂରରେ ଥାଇ ମଧ୍ୟ ନିଜ ଭକ୍ତି ବଳରେ ସେ ଅଟକାଇ ଦେଇଥିଲେ ଶ୍ରୀଜଗନ୍ନାଥଙ୍କୁ ବଡ଼ଦାଣ୍ଡ ନିକଟରେ। ଲକ୍ଷ ଲକ୍ଷ ଭକ୍ତଙ୍କ ଗହଣରେ ଯେ ସାଲବେଗଙ୍କ ଭଳି ଭକ୍ତ ଲୋଡ଼ା ଏକଥା ପ୍ରମାଣ କରିଥିଲେ ଶ୍ରୀଜଗନ୍ନାଥ। ଜଣାଯାଏ ଯେ, ନନ୍ଦିଘୋଷ ରଥ ବଳଗଣ୍ଡି ନିକଟରେ ଯେଉଁଠାରେ ଅଟକି ଯାଇଥିଲା ଜୀବନର ଶେଷ ସମୟରେ ସାଲବେଗ ସେଠାରେ ଏକ କୁଟୀର ତୋଳାଇ ଭଗବାନଙ୍କ ଭଜନ କୀର୍ତ୍ତନରେ ସମୟ ବିତାଉଥିଲେ। ସେଠାରେ ରହି ସେ ଶ୍ରୀଜଗନ୍ନାଥଙ୍କ ଉପଲକ୍ଷେ ଅନେକ ଭଜନ ଓ ଜଣାଣ ରଚନା କରିଛନ୍ତି। ସେଠାରେ ମଧ୍ୟ ସେ ଇହଲୀଳା ସମ୍ବରଣ କରିଥିଲେ। ପରବର୍ତ୍ତୀ ସମୟରେ ସେଠାରେ ସାଲବେଗଙ୍କର ଏକ ସମାଧି ନିର୍ମାଣ କରାଯାଇଥିଲା, ଯାହା ଅଦ୍ୟାବଧି ମଧ୍ୟ ସେଠାରେ ସୁରକ୍ଷିତ ରହିଛି ଏବଂ ହିନ୍ଦୁ ଓ ମୁସଲମାନଙ୍କ ମଧ୍ୟରେ ଥିବା ବିଭିନ୍ନତା ମଧ୍ୟରେ ଏକ ସୁଦୃଢ଼ ସଂପର୍କ ପ୍ରତିଷ୍ଠା କରିଛି।

ସାଲବେଗ ଯବନ ହୋଇ ଜନ୍ମ ହୋଇଥିଲେ ମଧ୍ୟ ଶ୍ରୀଜଗନ୍ନାଥ ତଥା ଓଡ଼ିଆ ସଂସ୍କୃତି ପ୍ରତି ତାଙ୍କ ମନରେ ଗଭୀର ଦୁର୍ବଳତା ରହିଥିଲା। ମୁସଲମାନମାନଙ୍କର

ବାରମ୍ବାର ଓଡ଼ିଶା ତଥା ଶ୍ରୀମନ୍ଦିର ଉପରେ ଆକ୍ରମଣ ଓଡ଼ିଶାବାସୀଙ୍କୁ ଆତଙ୍କିତ କରି ରଖିଥିଲା । ଗଜପତି ରାଜା ଯେତେବେଳେ ହୃଦୟଙ୍ଗମ କଲେ ଯେ ଶ୍ରୀଜଗନ୍ନାଥ ତଥା ଅନ୍ୟାନ୍ୟ ଦେବତା ଶ୍ରୀମନ୍ଦିରରେ ସୁରକ୍ଷିତ ନୁହନ୍ତି ତାଙ୍କୁ ଅନ୍ୟତ୍ର ଗୋପନ ଭାବେ ରଖିବାର ଆବଶ୍ୟକତା ରହିଛି, ସେତେବେଳେ ସେ ବିଗ୍ରହମାନଙ୍କୁ ଶଗଡ଼ରେ ବସାଇ ଇତିହାସ କଥିତ ମଙ୍ଗଳାଘାଟସ୍ଥିତ ମଙ୍ଗଳା ନଦୀର ଜଳମାର୍ଗରେ ନୌକାରେ ବସାଇ ଚିଲିକା ମଧ୍ୟରେ କୌଣସି ଏକ ଗୋପନୀୟ ସ୍ଥାନକୁ ସ୍ଥାନାନ୍ତରଣ କରିଥିଲେ । ଏହି ଘଟଣା ଭକ୍ତକବି ସାଲବେଗଙ୍କ ହୃଦୟକୁ ଅତ୍ୟନ୍ତ ମାତ୍ରାରେ ଆଘାତ ଦେଇଥିଲା । ଭଗବାନଙ୍କ ଠାରୁ ବିଚ୍ଛିନ୍ନ ହିବାର ଦୁଃଖ ତାଙ୍କୁ ମ୍ରିୟମାଣ କରିଦେଇଥିଲା । ତେଣୁ ଭଗବାନ ବିଧୁରା ସାଲବେଗ ସେହି ସମୟର ଘଟଣାକୁ ଅତି ଚମତ୍କାର ଭାବରେ ଭଜନରେ ସ୍ଥାନ ଦେଇ ଲେଖିଛନ୍ତି-

"କେଣେ ଘେନି ଯାଉଛ ଜଗନ୍ନାଥଙ୍କୁ
ଆମ୍ଭେ ଦ୍ରଶନ କରିବୁ କାହାକୁ ?
କେଣେ ଘେନି ଯାଉଛ ଜଗନ୍ନାଥଙ୍କୁ
ଖୁଣ୍ଟିଆ ଡାକ ଦେଲେ,
ପହଣ୍ଡି ବିଜେ ହେଲେ,
ବିଜୟ କର ପ୍ରଭୁ ଚାପକୁ ।

XXX

କହଇ ସାଲବେଗ, ନିର୍ମାଲ୍ୟ କାହୁଁ ହେବ;
ଧିକ ଧିକ ଆମ୍ଭ ଜୀବନକୁ ।।"

ମୋଗଲ ସୁବାଦାରଙ୍କ ବାରମ୍ବାର ପୁରୀ ଆକ୍ରମଣ, ଶ୍ରୀମନ୍ଦିର ଆକ୍ରମଣର ଗାଥା ସ୍ୱୟଂ ସାଲବେଗ ଦେଖିଛନ୍ତି । ଶ୍ରୀବିଗ୍ରହମାନଙ୍କୁ ରତ୍ନସିଂହାସନଚ୍ୟୁତ କରାଇ ଅନ୍ୟତ୍ର ଗୋପନ ରଖିବାର ଘଟଣାବଳୀ ମଧ୍ୟ ତାଙ୍କ ହୃଦୟକୁ ଗଭୀର ଆଘାତ ଦେଇଛି । ମୁସଲମାନମାନେ ଯେ କେବଳ ଶ୍ରୀମନ୍ଦିର ଆକ୍ରମଣ କରି ସର୍ବସ୍ୱ ଲୁଟିବାକୁ ଚାହୁଥିଲେ ତାହା ନୁହେଁ, ବଳପୂର୍ବକ ମଧ୍ୟ ସେମାନେ ନାରୀମାନଙ୍କ ଉପରେ ଲୋଲୁପ ଦୃଷ୍ଟି ପକାଇବା ସହିତ ସେମାନଙ୍କୁ ଅପହରଣ କରି ନେଇ ଯାଉଥିଲେ । ଯାହାଫଳରେ ସେ ସମୟର ସମାଜ ଥିଲା ନାରୀଙ୍କ ପାଇଁ ଏକ ଅସୁରକ୍ଷିତ ସମାଜ । ଯାହା ତାଙ୍କର ଏକ ପଦରୁ ସ୍ପଷ୍ଟ ଅନୁମିତ ହୁଏ । ଯଥା-

"କୁଳବଧୂଙ୍କର ରଡ଼ି, ପଣ୍ଡାଏ ଗଡ଼ାଗଡ଼ି
ବିଧାତା କାମ ହେଲା ଓଡ଼ିଶାକୁ ।"

ଏହି ସମୟରେ ସାଲବେଗ ଯବନ ରକ୍ତକୁ ଦେହରେ ଧାରଣ କରି ମଧ୍ୟ ଶ୍ରୀଜଗନ୍ନାଥ ସଂସ୍କୃତିକୁ ମନ ମଧ୍ୟରେ ସାଇତି ରଖିଥିଲେ। ଯାହାଫଳରେ ସେ ଶ୍ରୀଜଗନ୍ନାଥଙ୍କୁ ଆଧାର କରି ଅନେକ ସୁନ୍ଦର ସୁନ୍ଦର ଭଜନ ରଚନା କରିଥିଲେ।

ସାଲବେଗଙ୍କ ଭଜନାବଳୀର ଲୋକପ୍ରିୟତା:

ପଞ୍ଚସଖା ସାଧକଗଣ ଥିଲେ ଜ୍ଞାନମିଶ୍ରା ଭକ୍ତିର ପ୍ରଧାନ ଉପାସକ। ତନ୍ତ୍ର, ଲୟ, ମନ୍ତ୍ର, ଯୋଗ, ସମାଧି ଇତ୍ୟାଦି ଆଧାର କରି କାବ୍ୟକୋଣାର୍କ ସୃଷ୍ଟି କରିଥିଲେ ମଧ୍ୟ ଶ୍ରୀଜଗନ୍ନାଥଙ୍କୁ ଅନ୍ତରରେ ଆରାଧନା କରୁଥିଲେ। କାରଣ ଶ୍ରୀଜଗନ୍ନାଥ ହେଉଛନ୍ତି ସର୍ବଧର୍ମ ସମନ୍ୱୟର ଦେବତା। ଇତିହାସ ପୃଷ୍ଠାରେ ସେହି ହେଉଛନ୍ତି ପୁରୁଷୋତ୍ତମ ଅବତାର। ତାଙ୍କଠାରେ କେବେ ପୁରୁଷୋତ୍ତମ ଶ୍ରୀରାମଚନ୍ଦ୍ର ଅବତାର ତ ପୁଣି କେବେ ମହା ବିନାଶକ ପର୍ଶୁରାମ ଅବତାର ଆଉ ପୁଣି କେତେବେଳେ ପରମ ସିଦ୍ଧ ତଥା ବୋଧିଛାୟା ତଳେ ମହାନିର୍ବାଣପ୍ରାପ୍ତ ବୁଦ୍ଧଙ୍କ ଅବତାର ନିହିତ ଅଛି। ସେ ହିଁ ହେଉଛନ୍ତି ଆକାର, ପୁଣି ସେ ହିଁ ନିରାକାର। ଶ୍ରୀ ଚୈତନ୍ୟ ୧୫୦୯-୧୫୧୦ରେ ଓଡ଼ିଶା ଆଗମନ କରିବା ପରେ ଓଡ଼ିଶାରେ ରାଧାକୃଷ୍ଣ ପ୍ରେମଲୀଳା ସହିତ ଗୋପୀକୃଷ୍ଣଙ୍କ ପ୍ରେମଲୀଳା ମଧ୍ୟ କବିତାରେ ପ୍ରାଧାନ୍ୟ ଲାଭ କରିଥିଲା, ଯାହା ରାଗାନୁଗା ଭକ୍ତି ବା ପ୍ରେମଭକ୍ତି ଭାବରେ ଏକ ନୂତନ ଭକ୍ତିଧାରା ହୋଇ ପ୍ରବାହିତ ହୋଇଥିଲା। ଯେଉଁଥିରେ ଶ୍ରୀଜଗନ୍ନାଥ ଓ ବିଷ୍ଣୁଙ୍କ ମଧ୍ୟରେ ସମନ୍ୱୟ ରକ୍ଷା କରାଯାଇ ଅନେକ କାବ୍ୟ କବିତା ରଚନା କରାଯାଇଥିଲା।

ପରବର୍ତ୍ତୀ ସମୟରେ ମଧ୍ୟଯୁଗର କବିମାନେ ମଧ୍ୟ ଶ୍ରୀକୃଷ୍ଣ-ରାଧା ତଥା ରାମ-ସୀତାଙ୍କୁ ନେଇ ଅନେକ କାବ୍ୟ-କବିତା ସୃଷ୍ଟି କରିଛନ୍ତି। ପ୍ରେମଭକ୍ତି ମାଧ୍ୟମରେ ପରଂବ୍ରହ୍ମଙ୍କୁ ପ୍ରାପ୍ତ କରିବାର ଧାରଣା ସୃଷ୍ଟି ହୋଇଛି। ଗୋପାଙ୍ଗନାମାନେ ହିଁ ତ ପ୍ରେମ ମାଧ୍ୟମରେ ଶ୍ରୀକୃଷ୍ଣଙ୍କୁ ପାଇଥିଲେ ! ଈଶ୍ୱରଙ୍କୁ ପ୍ରାପ୍ତ କରିବାର ସର୍ବଶ୍ରେଷ୍ଠ ମାଧ୍ୟମ ହେଉଛି ପ୍ରେମ, ଯାହା ଦେବଦୁର୍ଲଭ ଦାସ ତାଙ୍କ 'ରହସ୍ୟ ମଞ୍ଜରୀ' କାବ୍ୟରେ ଅତି ଚମତ୍କାର ଭାବେ ବର୍ଣ୍ଣନା କରି ଲେଖିଛନ୍ତି-

"ଚାରି ଭକ୍ତି ମଧ୍ୟେ ପ୍ରେମଭକ୍ତି ଅଟେ ସାର,
ସେ ଭକ୍ତି ଅଟଇ କୋଠ ଗୋପୀମାନଙ୍କର ଗୋ।
ଗୋପୀଙ୍କ ଭଜିଲା ଭକ୍ତ ପ୍ରେମ ଭକ୍ତି ପାଇ,
ବିନା ପ୍ରେମ ଭକ୍ତିରେ ଦର୍ଶନ ମୋତେ ନାହିଁ ଗୋ।"

ପ୍ରେମଭକ୍ତି ମନୁଷ୍ୟ ମଧ୍ୟରେ ଏକ ସଂପୂର୍ଣ୍ଣ ଅଲଗା ଚେତନାର ଧାରା ପ୍ରବାହିତ

କରିଥାଏ। ଯାହାକି ତାକୁ ଭଗବାନଙ୍କ ନିକଟରେ ନିଜକୁ ସଂପୂର୍ଣ୍ଣ ଭାବେ ସମର୍ପଣ କରିବା ପାଇଁ ପ୍ରବର୍ତ୍ତାଇଥାଏ। ଭକ୍ତକବି ସାଲବେଗ ମଧ୍ୟ ଠିକ୍ ଏହିପରି ନିଜକୁ ସଂପୂର୍ଣ୍ଣ ଭାବେ ଶ୍ରୀଜଗନ୍ନାଥଙ୍କ ପଦାରବିନ୍ଦରେ ସମର୍ପଣ କରି ଦେଇଥିଲେ। ତାଙ୍କର ପ୍ରତ୍ୟେକ ଭଜନ ଓ ଜଣାଣରେ ଥିଲା ପ୍ରେମ ଭକ୍ତିର ପ୍ରବାହମାନ ଧାରା। ପ୍ରେମଭକ୍ତି ଭକ୍ତକବିଙ୍କ ମାନସପଟରେ ପାଲଟି ଯାଇଛି ଶ୍ରୀଜଗନ୍ନାଥପ୍ରୀତିର ଏକ ଶ୍ରେଷ୍ଠ ନିଦର୍ଶନ। ସାଲବେଗକୃତ ଭଜନାବଳୀର ଆଦର ଓଡ଼ିଶାର ଗୃହେ ଗୃହେ ବିଖ୍ୟାତ। ଓଡ଼ିଆ ସାହିତ୍ୟରେ ପ୍ରାୟ ଏକ ଶତରୁ ଅଧିକ ଶ୍ରୀଜଗନ୍ନାଥ ଚେତନାମୂଳକ ଭଜନ ସୃଷ୍ଟି କରି ଭଗବାନଙ୍କ ପ୍ରତି ନିଜ ଅନ୍ତରରୁ ମହାର୍ଘ୍ୟ ଅର୍ପଣ କରିଛନ୍ତି।

ପୁରୁଷୋତ୍ତମ ଶ୍ରୀଜଗନ୍ନାଥ ହେଉଛନ୍ତି ଉତ୍କଳୀୟମାନଙ୍କର ଆରାଧ୍ୟ ଦେବତା। ଭକ୍ତକବି ସାଲବେଗ ମଧ୍ୟ ଶ୍ରୀଜଗନ୍ନାଥଙ୍କୁ ଆରାଧ୍ୟ ମନେ କରି ଜାତିପ୍ରଥାକୁ ଭ୍ରୂକ୍ଷେପ ନ କରି ନିଜ ଲେଖନୀ ମୁନରେ ସୃଷ୍ଟି କରିଛନ୍ତି ଅଜସ୍ର ଭଜନାବଳୀ। ସଂଗୀତ ମାଧ୍ୟମରେ ନିଜ ଭାବରାଶିକୁ ପରିପ୍ରକାଶ କରିଛନ୍ତି ଶ୍ରୀଜଗନ୍ନାଥଙ୍କ ନିକଟରେ। ତାଙ୍କର ଭଜନଗୁଡ଼ିକ ମଧ୍ୟରେ 'ଆହେ ନୀଳ ଶଇଳ', 'ଆହେ ନୀଳଗିରି', 'ଏକା ତୋ ଭକତ ଜୀବନ', 'ଜଗନ୍ନାଥ ହେ କିଛି ମାଗୁନାହିଁ', 'ଚାଲ ସଖୀ ଆମେ ଦ୍ରଶନ କରିବା', କେଣେ ଘେନି ଯାଉଛ ଜଗନ୍ନାଥଙ୍କୁ', 'କାଳିଆ ଧନ', 'ଜଗବନ୍ଧୁ ହେ ଗୋସାଇଁ', 'କାହିଁ ଗଲେ ମୁରଲୀଫୁଙ୍କା', 'ବଂଶୀ ଗୋ, କୃଷ୍ଣ କାହୁଁ ଆଣିଲେ', 'ଶ୍ରୀକୃଷ୍ଣଙ୍କର ବଂଶୀ ଧ୍ୱନି ଶୁଣି', 'ହେ ଚକାଡୋଳା' ଇତ୍ୟାଦି ପ୍ରଧାନ। ଏଗୁଡ଼ିକର ସୁପ୍ରସିଦ୍ଧି ଓଡ଼ିଶାର ଘରେ ଘରେ ଶୁଣିବାକୁ ମିଳେ। ସାଲବେଗଙ୍କ ସଙ୍ଗୀତର ମୂର୍ଚ୍ଛନାର ତାଳେ ତାଳେ ଓଡିଶୀ ନୃତ୍ୟର ସୁମଧୁର ପରିବେଷଣ ଦେଖିବାକୁ ମିଳିଥାଏ।

ଶ୍ରୀଜଗନ୍ନାଥ ହେଉଛନ୍ତି ବିଶ୍ୱର ଦେବତା। ପୃଥିବୀର କୋଣ ଅନୁକୋଣରେ ସେ ବିଦ୍ୟମାନ। ପ୍ରାଣୀର ହୃଦୟର ସ୍ପନ୍ଦନରେ ସେ ବିରାଜମାନ କରନ୍ତି। କର୍ଣ୍ଣହୀନ ଠାକୁର ଭକ୍ତର ଗୁହାରୀକୁ ଶ୍ରବଣ କରିବା ମାତ୍ରେ ଚାଲି ଆସନ୍ତି ତାକୁ ସହାୟତା କରିବା ପାଇଁ। କେଉଁ ଦୁର୍ଗମ ସ୍ଥାନରେ ଥାଇ ଯଦି ଭକ୍ତିରେ ତାଙ୍କୁ କେହି ସ୍ମରଣ କରିଛି, ଉଦ୍ଧାରକ ଭାବେ ପ୍ରଭୁ ଆସି ତା' ନିକଟରେ ଉପସ୍ଥିତ ହୋଇଛନ୍ତି। ତେଣୁ ଭକ୍ତକବି ଏହି ପରିପ୍ରେକ୍ଷୀରେ ତାଙ୍କ 'ଆହେ ନୀଳ ଶଇଳ' ଭଜନରେ ଶ୍ରୀଜଗନ୍ନାଥଙ୍କ ମହିମା ସଂପର୍କରେ ବର୍ଣ୍ଣନା କରି ଲେଖିଛନ୍ତି-

"ଆହେ ନୀଳ ଶଇଳ ପ୍ରବଳ ମତ୍ତ ବାରଣ
ମୋ ଆରତ ନଳିନୀ ବନକୁ କର ଦଳନ। ୧।"

ଶ୍ରୀଜଗନ୍ନାଥଙ୍କ ନାମ କୀର୍ତ୍ତନରେ ପ୍ରେମିଳ କବି ଉନ୍ମତ୍ତ ହୋଇ ଉଠିଛନ୍ତି।

ତାଙ୍କର ଅପାର ମହିମା ଜଗତ ଜନଙ୍କ ଉପରେ ରହିଛି । ଜଗତବାସୀଙ୍କୁ ଉଦ୍ଧାର କରିବା ପାଇଁ ସେ ସର୍ବଦା ତତ୍ପର ଥାଆନ୍ତି । ସେଥିପାଇଁ ତ ଗୋକୁଳବାସୀଙ୍କୁ ଇନ୍ଦ୍ରଦେବଙ୍କ କୋପରୁ ରକ୍ଷା କରିବା ପାଇଁ କନିଷ୍ଠ ଆଙ୍ଗୁଠିର ଅଗରେ ଗିରି ଗୋବର୍ଦ୍ଧନକୁ ପୃଥିବୀରୁ ଚ୍ୟୁତ କରିଥିଲେ । ତାଙ୍କର ଶ୍ରୀମୁଖରେ କି ଆକର୍ଷଣ ରହିଛି କେଜାଣି ମୁଖକୁ ଚାହିଁଦେଲେ କ୍ଷଣକ ପାଇଁ ଭକ୍ତ ଦୁଃଖ ସାମ୍ରାଜ୍ୟରୁ ନିସ୍ତାର ପାଇଯାଏ । ଶ୍ୱେତପଦ୍ମ ଉପରେ କଳା ଭ୍ରମର ଗୁଞ୍ଜରିତ ହେଲା ଭଳି ତାଙ୍କର ନେତ୍ରଦ୍ୱୟ ଉଜ୍ଜ୍ୱଳ ଦିଶୁଥାଏ । ମଥାରେ କଉସ୍ତୁଭ ମଣି ଜାଜ୍ୱଲ୍ୟମାନ ପ୍ରତିଭାତ ହେଉଥିବା ବେଳେ କର୍ଣ୍ଣରେ କୁଣ୍ଡଳ ବେଶ୍ ସୁନ୍ଦର ଝଲସୁଥାଏ । ହସ୍ତବିହୀନ ଠାକୁର ହସ୍ତରେ ଶଙ୍ଖ, ଚକ୍ର, ଗଦା ଓ ପଦ୍ମକୁ ଧାରଣ କରି ସଂସାରକୁ ଗ୍ରହମାନଙ୍କର କୋପ ଦୃଷ୍ଟିରୁ ଉଦ୍ଧାର କରିବା ପାଇଁ ଯେପରି ବଦ୍ଧପରିକର ହୋଇଛନ୍ତି । କ୍ଷେତ୍ରମାନଙ୍କ ମଧ୍ୟରେ ରାଜା ହେଉଛି ପୁରୁଷୋତ୍ତମ କ୍ଷେତ୍ର ବା ଶ୍ରୀକ୍ଷେତ୍ର । ସେଠାରେ ବସବାସ କରି ସୌଭାଗ୍ୟ ଭାଗ୍ୟରେ ଥିଲେ ପ୍ରାପ୍ତି ହୁଏ । ଆଉ ଶ୍ରୀମନ୍ଦିରରେ ଛଡ଼ା ତୁଳସୀର ମନୋଲୋଭା ସୁଗନ୍ଧ ମନକୁ ବାନ୍ଧିଦିଏ । ଏଭଳି ଠାକୁରଙ୍କ ଶରଣ ପଶିବା ପାଇଁ କବି ଗାଇ ଉଠିଛନ୍ତି–

"ଚାଲ ସଖୀ ଆମ୍ଭେ ଦର୍ଶନ କରିବା
ନୀଳଗିରି କାଳିଆକୁ
କେଉଁ ସୁରପତି ବେଶ କରିଅଛି
ଗିରିବର ତୋଳିଆକୁ ।

XXX

ସେ ଯେ ଆରତତ୍ରାଣ, କାଳ ଗଜକୁ ସିଂହ ପ୍ରୟାଣ ।
ଚାଲ ଚାଲ ପଶିବା ଶରଣ ।"

ଶ୍ରୀଜଗନ୍ନାଥଙ୍କ ମହିମା ଗାନ କରି କରି କବି ତାଙ୍କ ଶରଣାପନ୍ନ ହୋଇଛନ୍ତି । ଭାବବିହ୍ୱଳ ହୋଇ କବି ତାଙ୍କ ଶରୀରର ସମସ୍ତ ଅଙ୍ଗ ପ୍ରଭୁଙ୍କ ସେବା ନିମିତ୍ତ ଉତ୍ସର୍ଗ କରିଛନ୍ତି । କବିଙ୍କର ଅଙ୍ଗେ ଅଙ୍ଗେ ଶ୍ରୀଜଗନ୍ନାଥଙ୍କ ଗୁଣ କୀର୍ତ୍ତନର ସ୍ପର୍ଶ । ଶରଧାବାଲିର ରେଣୁରେ ଶରଧାର ସ୍ପର୍ଶ ଅନୁଭୂତ ହୁଏ । ସେହି ସ୍ପର୍ଶରେ ଥାଏ ଅପୂର୍ବ ମାଦକତା । ତେଣୁ କବି ଶ୍ରୀ ମହାବାହୁଙ୍କୁ ପ୍ରାର୍ଥନା କରୁଛନ୍ତି –

"ଜଗନ୍ନାଥ ହୋ, କିଛି ମାଗୁନାହିଁ ତୋତେ,
ଧନ ମାଗୁନାହିଁ, ଜନ ମାଗୁନାହିଁ
ମାଗୁଛି ଶରଧା ବାଲିରୁ ହାତେ ।"

ଏ ଶରଧାବାଲି ହେଉଛି ଶ୍ରୀକ୍ଷେତ୍ରର ଏକ ପବିତ୍ର ସ୍ଥାନ। ଯେଉଁଠାରେ ରଥାରୂଢ଼ ଠାକୁର ଶ୍ରୀ ଗୁଣ୍ଡିଚାଠାରୁ ଶ୍ରୀ ବାହୁଡ଼ା ଯାତ୍ରା ପର୍ଯ୍ୟନ୍ତ ନିଜ ଜନ୍ମକ୍ଷେତ୍ରରେ ଅବସ୍ଥାନ କରନ୍ତି। କବି ମଧ୍ୟ ଚାହିଁଛନ୍ତି ଶରଧାବାଲି ନିକଟରେ ରହି ଭଗବାନଙ୍କ ସାନ୍ନିଧତା ଲାଭ କରିବେ। ଜୀବନର ଶେଷ ସମୟ ପର୍ଯ୍ୟନ୍ତ ସେଥିରେ ରହି ପ୍ରଭୁଙ୍କର ସେବାରେ ନିଜକୁ ଉତ୍ସର୍ଗ କରିଦେବେ।

ଶ୍ରୀଜଗନ୍ନାଥ ଥିଲେ ସାଲବେଗଙ୍କର ପରମ ପୂଜ୍ୟ। ଶ୍ରୀକ୍ଷେତ୍ରରେ ଶ୍ରୀଜଗନ୍ନାଥଙ୍କ ଗୁଣକୀର୍ତ୍ତନ କରିବା ପରେ ସନ୍ଥକବି ଇଚ୍ଛା କରିଥିଲେ ମହାପ୍ରଭୁଙ୍କ ଲୀଳାକ୍ରୀଡ଼ାର କ୍ଷେତ୍ର ବୃନ୍ଦାବନ ପରିକ୍ରମା କରିବା ପାଇଁ। ବହୁଦିନ ପର୍ଯ୍ୟନ୍ତ ସେଠାରେ ରହିବା ପରେ ଯେତେବେଳେ ଶ୍ରୀ ଗୁଣ୍ଡିଚା ଯାତ୍ରାର ସମୟ ଉପଗତ ହେବାକୁ ଲାଗିଲା କବି ବୃନ୍ଦାବନରୁ ପ୍ରତ୍ୟାବର୍ତ୍ତନ କରିଥିଲେ ଶ୍ରୀଗୁଣ୍ଡିଚା ଯାତ୍ରାରେ ଯୋଗଦେବାକୁ। ମାତ୍ର ସେ ରାସ୍ତାରେ ଅସୁସ୍ଥତାର ଶିକାର ହୋଇ ଶ୍ରୀକ୍ଷେତ୍ରରେ ପହଞ୍ଚି ପାରି ନ ଥିଲେ। କିନ୍ତୁ ମନ ମଧ୍ୟରେ ମହାବାହୁଙ୍କୁ ଦର୍ଶନ କରିବାର ପ୍ରବଳ ଇଚ୍ଛା। ତେଣୁ କି ସାତଶହ ପଚାଶ କୋଶ ଦୂରରେ ରହି ଭଗବାନଙ୍କୁ ପ୍ରାର୍ଥନା କରିଥିଲେ-

"ଜଗବନ୍ଧୁ ହେ ଗୋସାଇଁ!
ତୁମ୍ଭ ଶ୍ରୀଚରଣ ବିନୁ ଅନ୍ୟ ଗତି ନାହିଁ।
ସାତଶ ପଚାଶ କୋଶ ଦିଗ ଦିଶୁ ନାହିଁ
ମୋହ ଯିବା ଯାଏ ନନ୍ଦିଘୋଷେ ଥିବ ରହି।"

ଭକ୍ତର ଭାବରେ ବନ୍ଧା ନାଟୁଆ ଠାକୁର ଭକ୍ତଠାରୁ ଅନେକ ଦୂରରେ ଥାଇ ମଧ୍ୟ ଭକ୍ତର ଗୁହାରିକୁ ଶ୍ରବଣ କରିଥିଲେ ଏବଂ ଭକ୍ତର ଇଚ୍ଛାକୁ ପୂରଣ କରିବା ପାଇଁ ଲକ୍ଷ ଲକ୍ଷ ଭକ୍ତ, ସେବାୟତଙ୍କ ଭିଡ଼ରେ ଥାଇ ମଧ୍ୟ ନିଜର ପରମ ଭକ୍ତକୁ ଦର୍ଶନ ଦେବା ପାଇଁ ବଡ଼ଦାଣ୍ଡରେ ଅଟକ ରହିଥିଲେ।

ଶ୍ରୀକୃଷ୍ଣଙ୍କ ବଂଶରେ ରହିଛି ଯାଦୁକରୀ ଶକ୍ତି। ଯାହାର ସ୍ୱର ସମଗ୍ର ଗୋପୀ ମହଲକୁ ଅସ୍ତବ୍ୟସ୍ତ କରି ଦେଉଥିଲା। ଶ୍ରୀକୃଷ୍ଣଙ୍କ ବଂଶୀର ସ୍ୱର ଗୋପୀଙ୍କୁ ସମସ୍ତ ନୀତିନିୟମ ଲଙ୍ଘନ କରାଇ ତାଙ୍କ ପାଖକୁ ଟାଣି ଆଣୁଥିଲା। ଯମୁନାର ସ୍ଥିର ଜଳରାଶି ଉଚ୍ଛୁର ହୋଇ ଉଠୁଥିଲା। ମୃଗମାନେ ତୃଣ ତ୍ୟାଗ କରି ବଂଶୀ ସ୍ୱନକୁ ଶୁଣୁଥିଲେ। ପାଷାଣ ତରଳି ଯାଇ ବଞ୍ଚିବାକୁ ଲାଗିଲା। ତେଣୁ କବି ଶ୍ରୀକୃଷ୍ଣଙ୍କ ବଂଶୀର ମହାତ୍ମ୍ୟକୁ ଉପଲବ୍ଧି କରି ଗାଇ ଉଠିଛନ୍ତି-

"ଶ୍ରୀକୃଷ୍ଣଙ୍କର ବଂଶୀଧ୍ୱନି ଶୁଣି
ଯଥକିତ ହେଲା ଯମୁନାପାଣି।

ମୃଗମାନେ ତୃଣ ଚାପିଣ ରହିଲେ ଭାଙ୍ଗିଗଲା ତାଙ୍କ ବାଙ୍କ ଚାହାଣି।
ଆଉ ନବଜା ନବଜା ଶ୍ୟାମଘନ ହେ॥

XXX

ଭଣେ ସାଲବେଗ ବଂଶୀରେ ଶରଣ
ରାଧା କୃଷ୍ଣ ବିନୁ ଅନ୍ୟ ଗତି ନାହିଁ ହେ।"

ଶ୍ରୀକୃଷ୍ଣଙ୍କ ବଂଶୀରେ ଏତେ ଶକ୍ତି ଥିଲା ଯାହା ସମଗ୍ର ବୃନ୍ଦାବନକୁ ଏକ କରି ଦେଉଥିଲା। ବଂଶୀର ଶବ୍ଦ ଶୁଣିଲା କ୍ଷଣି ବୃନ୍ଦାବନ ଚଳଚଞ୍ଚଳ ହୋଇ ଉଠୁଥିଲା। ବୃନ୍ଦାବନର ଯୁବତୀ ଶାଶୂ-ନଣନ୍ଦଙ୍କ କଥାକୁ ଅମାନ୍ୟ କରି ବଂଶୀ ସ୍ୱନର ମାଦକତାରେ ବିଭୋର ହୋଇ ଯମୁନା ଘାଟକୁ ପାଣି ଆଣିବା ପାଇଁ ଚାଲି ଯାଉଥିଲେ। ଭକ୍ତକବି ନିଜେ ମଧ୍ୟ ଶ୍ରୀକୃଷ୍ଣଙ୍କ ବେଣୁ ସ୍ୱନଠାରୁ ନିଜକୁ ଦୂରେଇ ରଖିପାରିନାହାନ୍ତି।

ଶ୍ରୀ ଜଗନ୍ନାଥ ହେଉଛନ୍ତି ପତିତପାବନ ଠାକୁର। ତାଙ୍କର ଅପାର ମହିମା ବିଶ୍ୱ ଉପରେ ରହିଛି। କୋଟି କୋଟି ଭକ୍ତ ତାଙ୍କ ଶରଣାପନ୍ନ ହୋଇଛନ୍ତି। ତାଙ୍କ ମଧ୍ୟରେ ରହିଛି ଅନନ୍ତ ବିଶ୍ୱର ପରିକଳ୍ପନା। ସେ ହେଉଛନ୍ତି ତ୍ରାଣକର୍ତ୍ତା। ମୁକ୍ତିର ଦାତା ପୁଣି ସେ ହେଉଛନ୍ତି ଅନନ୍ତ ବିଶ୍ୱ ବ୍ରହ୍ମାଣ୍ଡର ସୃଷ୍ଟିକର୍ତ୍ତା। ତାଙ୍କର ମହିମା ଅପରିକଳ୍ପନୀୟ। ତାଙ୍କର ମହିମା ଗାନରେ ନିଜକୁ ନିମଜ୍ଜିତ କରି କବି ଧନ୍ୟ ହୋଇଛନ୍ତି।

ରୁକ୍ମିଣୀ ସମର୍ଥ

ଗବେଷିକା, ରମାଦେବୀ ମହିଳା ବିଶ୍ୱବିଦ୍ୟାଳୟ

ସୂଚିପତ୍ର

ଆହେ ନୀଳଶଇଳ	୩୩
ଏକା ତୋ ଭକତ ଜୀବନ	୩୪
ଆହେ ନୀଳଗିରି	୩୫
ଚାଲ ସଖି ଆମ୍ଭେ ଦର୍ଶନ କରିବା	୩୬
ଜଗବନ୍ଧୁ ହେ ଗୋସାଇଁ	୩୭
ଶ୍ୟାମସୁନ୍ଦର, ଜଗବନ୍ଧୁ	୩୮
ଅତି ଯତନରେ ବଂଶୀ ଗଢ଼ାଇଲି	୩୯
ଆଗେ ଆଗୋ ମଲ୍ଲି ମାଳତୀ	୪୦
କଳାଚାନ୍ଦ, କଳାବଦନ ଲୁଚିଯାଇଛି ରେ	୪୧
କାହିଁ ଗଲେ ମୁରଲୀଫୁଙ୍କା	୪୨
ଜଗନ୍ନାଥ ହେ କିଛି ମାଗୁନାହିଁ	୪୩
ବଂଶୀ କଲା ପ୍ରମାଦ ଗୋ	୪୪
ମୁରଲୀ, ତୋରେ ଶରଣ ଗଲିରେ	୪୫
ଶ୍ରୀପୁରୁଷୋତ୍ତମ ଯିବା ମନ	୪୬
ଯାଅ ତୁମ୍ଭେ ନନ୍ଦ କହ୍ନାଇଁ	୪୮
ରାଧା ମଧୁର ମଙ୍ଗଳ ମୂରତି	୪୯
ସଖୀଗୋ, ମୋତେ କି କଲେ କାଳିଆ	୫୦
ସ୍ୱପ୍ନେ ଦେଖିଲି ଆଜ ରଜନୀ	୫୧
ମୁଁ ତୋତେ କି ବୋଇଲି କି	୫୩
ବୃନ୍ଦାବନେ ବଂଶୀ କେ ବଜାଇଲା	୫୪
ମୋତେ ସେହି ରୂପ ଦେଖାଅ ହରି	୫୫
ଯାଅ, ଯାଅ ମୋଠାରୁ	୫୬
ଶ୍ୟାମବନ୍ଧୁ ଲାଗିଲେ	୫୭
ବୃନ୍ଦାବନେ ରାହାସ ଲୀଳା	୫୮
ବାଛି କେ ନାମ ଦେଲା ଦଇତ୍ୟାରି	୫୯
ନ ଯା ତୁ ବନବାସ କରି	୬୦
ନିରାଶ ନକର ରାଧେ	୬୧
କେଣେ ଘେନିଯାଉଛ ଜଗନ୍ନାଥଙ୍କୁ	୬୨
କାଳିଆ କାହ୍ନୁ ମୋହନ ବେଣୁ	୬୩
କହ ଗୋ କି ବୁଦ୍ଧି କରିବି	୬୪
ତରୁତଳେ କେ ବଂଶୀ ବଜାଇଲା	୬୫
ଧନ ମୋର କେତେ ସ୍ନେହ ଲଗାଇଛି	୬୬
ନବୀନ ନଟବର ମୂରତି	୬୭
ଧନ୍ୟ ଧନ୍ୟ ନୀଳଗିରି ବାସୀ	୬୮

ବେଶ ହୋଇ ଭାଲଇ	୭୦
ମୋ ଚିର ହରିନେଲା କନ୍ହାଇ	୭୧
ସେ ତ ଚିକ୍କଣ କାଳିଆ	୭୨
ହେମ ଚମ୍ପାବରଣୀ	୭୩
ଶ୍ରୀକୃଷ୍ଣର ବଂଶୀ ଧ୍ୱନି ଶୁଣି	୭୪
ବଂଶୀ କଲା ପ୍ରମାଦ ଗୋ	୭୫
ରାମ ନାମ ବୋଲ ଭାଇ	୭୬
ଫୁଲ ତୋଳ ହୋ ନାଗର	୭୭
ନବଘନ କାଳିଆ	୭୮
ପ୍ରବେଶ ହୋଇଲ ବଡ଼ଦାଣ୍ଡ	୭୯
ବାଟ ଛାଡ଼ ସୁଘଟ ନାଗର	୮୧
ଭଲା ସୁନ୍ଦର ଗୋପୀନାଥ କି	୮୨
ସଖୀଗୋ, ବଂଶୀ କାହୁ ଆଣିଲା	୮୩
ଆହେ କୃଷ୍ଣ ମୁରଲୀଧର	୮୪
ଏକା ମୋ ଭକତ ଜୀବନ	୮୫
କାଳିଆ କଦମ୍ୟ ତରୁ ତଳେ	୮୬
କାହିଁକି ଆସିଛୁ ମନ	୮୮
ତୁମ୍ଭ ପତିତ ପାବନ ନାମ ଭେଲା	୮୯
କୁଞ୍ଜେ ଗୋ ବନବିନୋଦିଆ	୯୦
କାଳିଆ କି ମନ୍ତ୍ର କଲା	୯୧
ଗୋପୀମାନେ ଫେରିଆସିବୁ ଚାରିଦିନେ	୯୨
ମୁକୁଟ ମନୋହର	୯୩
ରାମହରି, ପ୍ରଭୁ ବିଜେ କରିଅଛ	୯୪
ସୁନ୍ଦର ବଦନ ପଙ୍କଜଡୋଳା	୯୫
ମୁଁ ତୋତେ କି ବୋଇଲି କି	୯୬
ବାୟେ ସଖୀଗଣ ବିବିଧ ବାଜଣ	୯୭
ଭଲା ସେ ନବଘନ କାଳିଆ !	୯୮
ଦୂତୀ ଗୋ, କହିବୁ ବ୍ରହ୍ମାଙ୍କୁ	୯୯
ନବୀନ-ଘନ-ବରନ ପ୍ରଭୁ ଚକାଆଖି	୧୦୦
ପର୍ବତ ଶିଖରେ	୧୦୧
ନବଘନ କାଳିଆ	୧୦୨
ହେର ହୋ, ନୀଳଗିରି ପତି ରାଜ ହି	୧୦୩
ଶ୍ୟାମବନ୍ଧୁ ଲାଗିଲେ	୧୦୪
ଉପାୟ ବୋଲରେ	୧୦୫
କାହୁ ହେ, ମୁଁ ତ କଢ଼ି କୁସୁମ	୧୦୬
ଦୂତୀ ଗୋ, ଦେଖି କେ ଧରେ ହିଆ	୧୦୭

ଭକ୍ତ ସାଲବେଗଙ୍କ ଭଜନାବଳୀ

ଆହେ ନୀଳଶଇଳ

ଆହେ ନୀଳଶଇଳ ପ୍ରବଳ ମତ୍ତ ବାରଣ,
ମୋ ଆରତ-ନଳିନୀବନକୁ କର ଦହନ। ୧ ।

ଗଜରାଜ ଚିନ୍ତା କଲା ଥାଇ ଘୋର ଜଳେଣ,
ଚକ୍ର ପେଷି ନକ୍ର ନାଶି ଉଦ୍ଧାରିଲ ଆପଣ। ୨ ।

କୁରୁସଭା ତଳେ ଶୁଣି ଦ୍ରୌପଦୀର ଜଣାଣ,
କୋଟି ବସ୍ତ୍ର ଦେଇ ପୁଣି ଲଜ୍ଜା କଲ ବରଣ। ୩ ।

ଘୋରବନେ ହରିଣୀ କି ପଡ଼ିଥିଲା କଷଣ,
ଡାକିଲ ମାତ୍ରକେ ହରି ରକ୍ଷାକଲ ଆପଣ। ୪ ।

ରାବଣର ଭାଇ ବିଭୀଷଣ ଗଲା ଶରଣ,
କେତେ କେତେ ବିପତ୍ତିରୁ ରଖିଅଛ ଆପଣ। ୫ ।

ଅଜାମିଳ ଡାକ ଦେଲା ଜୀବ ଯିବା ବେଳେଣ,
ତେଡ଼େ ବଡ଼ ପାପୀ ଗଲା ବଇକୁଣ୍ଠ ଭୁବନ। ୬ ।

ପ୍ରହଲାଦ ପିତା ସେ ଯେ ବଡ଼ ଦୁଷ୍ଟ ଦାରୁଣ,
ସ୍ତମ୍ଭରୁ ବାହାରି ତାକୁ ବିଦାରିଲ ତକ୍ଷଣ। ୭ ।

ନୀଳାଚଳେ ବିଜେ କରି ବୌଦ୍ଧ ଅବତାରେଣ,
ବେନି ଭୁଜ ଟେକି ପ୍ରଭୁ ଯାଚୁଅଛ ଶରଣ। ୮ ।

କହେ ସାଲବେଗ ହୀନ ଜାତିରେ ମୁଁ ଯବନ।
ଶ୍ରୀରଙ୍ଗାଚରଣ ତଳେ ରଖ ମୋତେ ଶରଣ। ୯ ।

ଏକା ତୋ ଭକତ ଜୀବନ

ଏକା ତୋ ଭକତ ଜୀବନ,
ଭକତ ନିମନ୍ତେ ତୋର ଶଙ୍ଖ ଚକ୍ର ଚିହ୍ନ ।।
ଭକତ ତୋ ମାତାପିତା ଭକତ ତୋ ବନ୍ଧୁ,
ଭକତ ଭିତରେ ତୋର ନାମ କୃପାସିନ୍ଧୁ ।।
ଧେନୁ ପଛେ ପଛେ ବତ୍ସା ଗମେ କ୍ଷୀର ଲୋଭେ,
ଭକତ ପଛରେ ତୁହି ଥାଉ ସେହି ଭାବେ ।।
ବାପ ମୋ ମୋଗଲପୁଅ ମାଆ ମୋ ବ୍ରାହ୍ମଣୀ,
ଏ କୁଳେ ଜନ୍ମିଲୁ ହିନ୍ଦୁ ନ ଖାଏ ମୋ ପାଣି ।।
କହେ ସାଲବେଗ ହୀନ ଜାତିରେ ଯବନ,
ଶ୍ରୀରଙ୍ଗାରରଣ ବିନୁ ନ ଜାଣଇ ଆନ ।

ଆହେ ନୀଳଗିରି

ଆହେ ନୀଳଗିରି !
ତୁମ୍ଭ ଶ୍ରୀଭୁଜେ ଦୟଣା କେରି କେରି । ପଦ ।
ତୁଳସୀ ଚଉରା ପାଶେ ଜଗି
ବସି ଧ୍ୟାଉଛନ୍ତି କେତେ ଯୋଗୀ,
ବ୍ୟାଘ୍ରଚର୍ମ ପାରି ସ୍ତୁତ କରୁଛନ୍ତି, ଜପୁଛନ୍ତି ନାମ ସଂଖ୍ୟା କରି । ୧ ।
ବଡ଼ଦାଣ୍ଡ ଦେଖି ହେଲି ତୋଷ,
ରେଣୁମାତ୍ର ତେଣୁ କଲି ଗ୍ରାସ,
କ୍ଷୀରା ଖେଚଡ଼ିରେ ମନ ନ ବୋଧଇ ଟଙ୍କ ତୋରାଣିରେ ମନ ତୋଷ । ୨ ।
ସିଂହଦ୍ୱାରେ ପଡେ ବେତବାଡ଼ି,
ବାଜନ୍ତେ ଫାଟକ ଯାଏ ଛାଡ଼ି,
ଶ୍ରୀଜଗନ୍ନାଥଙ୍କ ଦର୍ଶନ ନିମିତ୍ତେ ଏକରୁ ଆରେକ ହୁଡ଼ାହୁଡ଼ି । ୩ ।
ବାଇଶ ପାବଛ ଗଲି ସୁଖେ,
କୈବଲ୍ୟ ପସରା ବେନି ପାଖେ,
ଚାଣ୍ଡାଲୁ ବ୍ରାହ୍ମଣ ଶୂଦ୍ର ପରିଯନ୍ତେ କୈବଲ୍ୟ ଭୁଞ୍ଜନ୍ତି ମୁଖେ ମୁଖେ । ୪ ।
ରୋହିଣୀ ପାଦୁକା କୁଣ୍ଡରଜ
ସିଂହ ମାଡ଼ି ବସିଅଛି ଗଜ,
ସତେ କି ଏ ଜନ୍ମ ସୁଫଳ ଲଭିବ କାକ ପଡ଼ି ହେଲା ଚତୁର୍ଭୁଜ । ୫ ।
ରହି ଗରୁଡ଼ ପଛରେ ଦେଖ
କି ଶୋଭା ପାଉଛି ପଦ୍ମମୁଖ,
ହୀରା ନୀଳା ମୋତି ମାଣିକ୍ୟ ଜଳୁଛୁ ହୃଦେ ଲମ୍ବି ଅଛି ହୀରାନେକ ୬ ।
ଶ୍ରୀଜଗନ୍ନାଥଙ୍କ ଠାକୁରାଣୀ
ସୁବର୍ଣ୍ଣ ଥାଳିରେ ଅର୍ଘ୍ୟ ଆଣି,
କଳପବଟକୁ ପ୍ରଦକ୍ଷିଣ କଲେ ସାଧୁସନ୍ଥ ଦେଲେ ହରିଧ୍ୱନି । ୭ ।
କହେ ସାଲବେଗ ହୀନ ଜାତି
ଶ୍ରୀରଙ୍ଗାଚରଣେ ରହୁ ମତି,
ଶ୍ରୀଜଗନ୍ନାଥଙ୍କୁ ଜଣାଣ କରୁଛି, ବାରେ ଦୟାକର ଲକ୍ଷ୍ମୀପତି । ୮ ।

ଚାଲ ସଖି ଆମ୍ଭେ ଦର୍ଶନ କରିବା

ଚାଲ ସଖି ଆମ୍ଭେ ଦର୍ଶନ କରିବା
ନୀଳଗିରି କାଳିଆକୁ
କେଉଁ ସୁରପତି ବେଶ କରିଅଛି
ଗିରିବର ତୋଳିଆକୁ ।
ସେ ଯେ ଶ୍ରୀମୁଖ ତୋରା,
ଶିରେ ସୁନାସୂତା କେରା କେରା । ୧ ।
ଶ୍ୱେତପଦ୍ମ ଆଖି ଦେଖିଲେ ଗୋ ସଖି,
ଚିତ୍ତ କି ବାହୁଡ଼େ ଆଉ
କର୍ଣ୍ଣରେ କୁଣ୍ଡଳ ଦିଶେ ଝଲଝଲ,
କଉସ୍ତୁଭ ଦାଉ ଦାଉ ।
ସେ ଯେ ହିଆ ବୃଷାଳ,
ମିଶାମିଶି ବାରାନିଧି-ଫଳ । ୨ ।
ଶଙ୍ଖ ଚକ୍ର ଗଦା ପଦ୍ମ ମହାପ୍ରଭୁ
ଧରିଛନ୍ତି ଆଣ୍ଟ କରି,
ଦୁଃସହ ଦୁର୍ଗତି ଗ୍ରହପୀଡ଼ାମାନେ
ଆଉ କି ପଶିବେ ଡରି ।
ସେ ଯେ ଦୟାସାଗର,
ତାଙ୍କ ପଦ୍ମପାଦେ ଲୟ କର । ୩ ।
ଶ୍ରୀପୁରୁଷୋତ୍ତମ ରହଣି କରିବା
ଖାଇବା ଛଡ଼ା ତୁଳସୀ
କହେ ସାଲବେଗ ସିଂହଦ୍ୱାରଠାରେ
ହୋଇଥିବା କ୍ଷେତ୍ରବାସୀ ।
ସେ ଯେ ଆରତତ୍ରାଣ, କାଳଗଜକୁ ସିଂହ ପ୍ରୟାଣ ।
ଚାଲ ଚାଲ ପଶିବା ଶରଣ । ୪ ।

ଜଗବନ୍ଧୁ ହେ ଗୋସାଇଁ

ଜଗବନ୍ଧୁ ହେ ଗୋସାଇଁ !
ତୁମ୍ଭ ଶ୍ରୀଚରଣ ବିନୁ ଅନ୍ୟ ଗତି ନାହିଁ ॥

ସାତଶ ପଞ୍ଚାଶ କୋଶ ଦିଗ ଦିଶୁନାହିଁ ।
ମୋହ ଯିବା ଯାଏ ନନ୍ଦିଘୋଷେ ଥିବ ରହି । ୧ ।

ରଥ ଚାରିପାଶେ ଲମ୍ବେ ମୁକୁତାର ଝରା ।
ଝଲଝଲ ଦିଶୁଥାଇ ପ୍ରଭୁ ଚକାଡୋଳା । ୨ ।

ବାଇଶି ପାବଛ ତଳେ ବିକାହୁଏ ଭାତ ।
ଦର୍ଶନ ତେଣିକି ଥାଉ କୈବଲ୍ୟେ ମୁକତ । ୩ ।

ଆଗେ ଚଳେ ବଳଭଦ୍ର ମଧ୍ୟେ ଚାନ୍ଦମୁହିଁ ରେ
ଆସୁଛ କାଳିଆ ପଛେ ଗହଣ ଲଗାଇରେ । ୪ ।

କହେ ସାଲବେଗ ହୀନ ଜାତିରେ ଯବନ ।
ଏହି ମତେ ଆଜ୍ଞା ହେବ ଶିରି ବୃନ୍ଦାବନ ହେ । ୫ ।

ଶ୍ୟାମସୁନ୍ଦର, ଜଗବନ୍ଧୁ

ଶ୍ୟାମ ସୁନ୍ଦର, ଜଗବନ୍ଧ ବିଜେ ନୀଳକନ୍ଦର ।
ଯେ ପରା ଲବଣୀ ମାଗି ଖାଉଥିଲେ,
ପୁଅ ହୋଇଥିଲେ ନନ୍ଦର ॥
ବଛାଙ୍କ ପଛରେ ଲଗୁଡ଼ ହସ୍ତରେ,
ବୁଲୁଥିଲେ ବୃନ୍ଦାବନର ।
ଭକ୍ଷିଲେ ଅନଳ ରଖିଲେ ଗୋକୁଳ,
ଚକ୍ଷୁଦାନ ଦେଲେ ଅନ୍ଧର ॥
ଯେ ପରା ଗୋପରେ ଇନ୍ଦ୍ରର କୋପରେ,
ବାଣ ଧରିଥିଲେ ମନ୍ଦର ।
କହେ ସାଲବେଗ ମୋ ମନ ମୋହିଲେ,
ଲୁଚିଯାଇ ପ୍ରାଣବନ୍ଧୁର ॥

ଅତି ଯତନରେ ବଂଶୀ ଗଢ଼ାଇଲି

ଅତି ଯତନରେ ବଂଶୀ ଗଢ଼ାଇଲି ସୁନାର ବେଷ୍ଟ ଲଗାଇ
କେ ଯାଇ କହିବ ମାତା ଯଶୋଦାଙ୍କୁ ମୋ ବଂଶୀ ନେଲେ ଚୋରାଇ
ଚତୁରୀ ରାଧେ, ମୁରଲୀ ଆମ୍ଭର ଦିଅ !
ହସ୍ତର କଙ୍କଣ ଗଲା ମୋତିହାର ଯାହା ଇଚ୍ଛା ତାହା ନିଅ । ପଦ ।

କଦମ୍ବମୂଳରେ ଫୁଟି ଶୋଇଥିଲି ବଂଶୀ ସୀମସ୍ଥାନେ ଦେଇ
ଏହି ବାଟେ ଗଲେ ଚତୁରୀ ରାଧିକା ମୋ ବଂଶୀ ନେଲେ ଚୋରାଇ
ଚତୁରୀ ରାଧେ............. । ୧ ।
କଳାବାନ୍ଧ ଶାଢ଼ୀ ପିନ୍ଧିବାରବେଳେ ଅନାଇଥିଲି ଗୋ ତୋତେ
ଆଗର ପଣତ ପଛକୁ ପକାଇ ବଂଶୀ ଲୁଚାଇଲୁ ମୋତେ
ଚତୁରୀ ରାଧେ............. । ୨ ।
ନାକେ ନାକଚଣା ଗୋଡ଼େ ଗୋଡ଼ବଳା ହସ୍ତରେ ସୁବର୍ଣ୍ଣ ବାହି
ଏମନ୍ତ ଚାଲିକି ପଟାନ୍ତର ନାହିଁ ଚମକି ପଡୁଛି ଦେହୀ
ଚତୁରୀ ରାଧେ............. । ୩ ।
ରାଧିକା ବୋଲନ୍ତି ଶୁଣ ହୋ କହ୍ନାଇ ବଂଶୀ ନେଇ ନାହିଁ ମୁହିଁ
ବଂଶୀ ନେଇଥିଲେ ନିୟମ କରୁଛି ନଣନ୍ଦର ମୁଣ୍ଡ ଛୁଇଁ
ଚତୁରୀ ରାଧେ............. । ୪ ।
ଶ୍ରୀକୃଷ୍ଣ ବୋଲନ୍ତି ଶୁଣ ଗୋ ରାଧିକା ବଂଶୀ ନେଇଅଛୁ ଏକା
ବଂଶୀ ନେଇକରି ନିୟମ କରୁଛୁ ବେନି ଭୁଜ ଟେକି ଦେଖା ।
ଚତୁରୀ ରାଧେ............. । ୫ ।
ରାଧିକା ବୋଲନ୍ତି ଶୁଣ ହୋ କହ୍ନାଇ ତୁମ୍ଭ ବଂଶୀ ମୂଲ କେତେ
ଆମ୍ଭ ବଂଶୀ ମୂଲ ନଅଶ ସୁନିଆ ବନ୍ଧା ଘେନିଯିବ ତୋତେ
ଚତୁରୀ ରାଧେ............. । ୬ ।
ବଂଶୀ ଚାରିପାଖେ ସୁବର୍ଣ୍ଣ ଛୁଆଣି ବାନା ଉଡ଼େ ତିନିପୁର
କହେ ସାଲବେଗ ଜାତିରେ ପଠାଣ ହଟିଆ ନାଗରବର ।
ଚତୁରୀ ରାଧେ, ମୁରଲୀ ଆମ୍ଭର ଦିଅ । ୭ ।

ଆଗେ ଆଗୋ ମଲ୍ଲୀ ମାଳତୀ

ଆଗୋ ଆଗେ ମଲ୍ଲୀ ମାଳତୀ !
କେଣେ ଗଲା ବେଣୁସ୍ୱନ ? । ପଦ ।
ସେ ବେଣୁଧ୍ୱନି ଶୁଣିଣ ତନୁ
ଜରଜର ହୁଏ ହୃଦୟ ଖୀନ । ୧ ।

ଯେହି ବୃନ୍ଦାବନେ ପଶି
ଅଳପ ଅଳପ ବଜାନ୍ତି ବଂଶୀ, ଗୋ ସଖି !
ନେଉଛ ପରାଣ ଶୋଷି । ୨ ।

ଗଲେ ଏ ଅରଣ୍ୟବନେ,
ପୁଲକିତ କଲେ ମୁରଲୀ ସ୍ୱନେ, ଗୋ ସଖି !
କିଛି ପଡୁ ନାହିଁ ମନେ । ୩ ।

ସେ ପ୍ରଭୁ ଯେମନ୍ତ କଲେ
ଗଜ ଆରତ କ୍ଷଣକେ ଶୁଣିଲେ, ଗୋ ସଖି !
ଆମ୍ଭଙ୍କୁ ନିରାଶ କଲେ । ୪ ।

ଶ୍ରୀକୃଷ୍ଣ ଆମ୍ଭ ଜୀବନ, ମନ ଜାଣି କରନ୍ତି ଆଲିଙ୍ଗନ,
ଗୋ ସଖି ! ଯେସନେ ଲାଗେ ଚନ୍ଦନ । ୫ ।

ଖଣ୍ଡେଦୂର ଖୋଜିଗଲୁ
ପାଦଚିହ୍ନ ଚିହ୍ନି ଭେଟ ପାଇଲୁ, ଗୋ ସଖି !
ଅଲକ୍ଷରେ ବଣା ହେଲୁ । ୬ ।

ଶ୍ରୀରଙ୍ଗାଚରଣେ ଯାଇ, ମୂଢ଼ ସାଲବେଗ ଧ୍ୟାୟି
ଗୋ ସଖି ! ମୁକତି ଲଭିବା ପାଇଁ ।।

କଳାଚାନ୍ଦ, କଳାବଦନ ଲୁଚିଯାଇଛି ରେ

କଳାଚାନ୍ଦ, କଳାବଦନ ଲୁଚିଯାଇଛି ରେ !
ଖୋଜି ଖୋଜି ଯାଇଥିଲି ହରାଇଲି କାହିଁରେ ॥
ଉଛୁର ହୋଇଲା ବେଳ ଖୋଜୁଛନ୍ତି କାହିଁ ।
ଧୂଳିରେ ଧୂସର ମୁଖ କାହିଁ ଦିଶୁ ନାହିଁ ରେ ॥
ଗୋପପୁରେ ଯେତେ ଗୋପ ବତ୍ସା ରଖିଥାଇ ।
ଗୋପୀଙ୍କ ନାମ ଧରି ସେ ମୁରଲୀ ବଜାଇ ରେ ॥
ଗୋପୀଙ୍କ ଲବଣୀ କୃଷ୍ଣ କରନ୍ତି ଭୋଜନ ।
ଅଞ୍ଚଳେ ପୋଛନ୍ତି ମୁଖ ଶ୍ରୀମଧୁସୂଦନ ରେ ॥
ଖୋଜି ଖୋଜି ବ୍ରହ୍ମା ଯା'କୁ ନ ପାଇଲେ ଚେତି ।
କହେ ମୂଢ଼ ସାଲବେଗ ଭାଗ୍ୟ ଯଶୋବନ୍ତୀ ରେ ॥

କାହିଁ ଗଲେ ମୁରଲୀଫୁଙ୍କା

କାହିଁ ଗଲେ ମୁରଲୀଫୁଙ୍କା
ଯୁବତୀ-ରସିକ-କାମିନୀ-ରଙ୍କା
ପାଦପାଣି ବଙ୍କା ନୟନ ବଙ୍କା ଅଧର ବଙ୍କା । ୧ ।

ବାଙ୍କ ଶ୍ରୀଅଧରେ ମୁରଲୀ ବଜାଇ ଡାକୁଛନ୍ତି ଆସ ଆସ ରାଧିକା
ବସ୍ତ୍ର ଚୋରିକରି କେଳି କଦମ୍ବରେ ବାନ୍ଧି ପତାକା । ୨ ।

ତ୍ରେତୟା ଯୁଗରେ ରାମ ଅବତାରେ
ଜାନକୀ ଛଳରେ ଭାଙ୍ଗି ଲେ ଲଙ୍କା
କହେ ସାଲବେଗ ବଂଶୀରେ ଶରଣ
ଝୁରି ଝୁରି କ୍ଷୀଣ ହେଲେ ରାଧିକା । ୩ ।

ଜଗନ୍ନାଥ ହେ କିଛି ମାଗୁନାହିଁ

ଜଗନ୍ନାଥ ହେ, କିଛି ମାଗୁନାହିଁ ମୁଁ ତୋତେ ।
ମାଗୁନାହିଁ ଧନ ମାଗୁନାହିଁ ଜନ
ମାଗୁଛି ଶରଧା ବାଲିରୁ ହାତେ ।।

ଆନ ଦରଶନ ନ ଲୋଡ଼େ ନୟନ
ଏକା ତୁମ୍ଭ ଦେଖା ବିନା ।
ଶୁଣିବାକୁ କାନ ନ ଇଚ୍ଛଇ ଆନ
ତୁମ୍ଭ ଚରିତେ କାମନା ।।
ଜିହ୍ୱା ନ ବାଞ୍ଛଇ ଗ୍ରାମ୍ୟ ଗୀତ ଗାଇ-
ବାକୁ ରଜନୀ ଦିବସ ।
ତୁମ୍ଭ ନାମାବଳୀ କେବଳ ସଙ୍ଖାଳି
ହୋଇଥାଉ ପୀତବାସ ।।
ନାସା ମୋର ତୃପ୍ତି ନ ଲଭଇ ଆନ
ସୁବାସ ଦ୍ରବ୍ୟ ଆଘ୍ରାଣେ ।
ତବ ଛଡ଼ାମାଳ ତୁଳସୀ କୁସୁମ
ଚନ୍ଦନ କର୍ପୂର ଧ୍ୟାନେ ।।
ମୋ ହସ୍ତ ଅଙ୍ଗୁଳି ରାମ ବନମାଳୀ
ଜପୁଥାଉ ହରେକୃଷ୍ଣ ।
କହେ ସାଲବେଗ ଜାତିରେ ଯବନ
ତୋ ତୀର୍ଥେ ଯାଉ ଏ ପ୍ରାଣ ।।

ବଂଶୀ କଲା ପ୍ରମାଦ ଗୋ

ବଂଶୀ କଲା ପ୍ରମାଦ ଗୋ, ମୁରଲୀନାଦ ॥
କେ ଜନ୍ମ କଲା ତାକୁ କେ ଅଣିଲା ଗୋପକୁ,
ଶୂଳ ହେଲା କୁଳକୁ, ଆମ୍ଭମାନଙ୍କୁ ଗୋ । ୧ ।

କଦମ୍ବ ମୂଳେ ରହି, ରଙ୍ଗେ ମୁରଲୀ ବାଇ,
ଚିତ୍ତ ନେଲା ଚୋରାଇ ବଂଶୀ ବଜାଇ ଗୋ । ୨ ।

ମୁରଲୀ ହେଲା ଶଲ, ଲଜ୍ଜାରୁ ମୃତ୍ୟୁ ଭଲ
କିଛି ନ ବୋଲି ଚାଲ, ଆଉ ନ ବୋଲ ଗୋ । ୩ ।

ଜଳ ଭିତରେ ପଶି, ଚାହିଁଲେ ଶୁଭ୍ରକେଶୀ,
ମନକୁ ନେଲେ ତୋଷି, ସେ ଅଳପ ହସି ଗୋ । ୪ ।

ଦୂତୀ ବୋଲଇ ସହି, ଯିବି ମୁଁ ତୁମ୍ଭ ପାଇଁ
ଆଣିମି କୃଷ୍ଣ ଯାଇ ହୋଇ ବିନୋୟୀ ଗୋ । ୫ ।

ଶୀଘ୍ରେ ଚଳିଲେ ଦୂତୀ, ମିଳିଲେ କୃଷ୍ଣ କତି,
ସାଲବେଗର ମତି, ରହୁ କୀରତି ଗୋ । ୬ ।

ମୁରଲୀ, ତୋରେ ଶରଣ ଗଲିରେ

ମୁରଲୀ, ତୋରେ ଶରଣ ଗଲିରେ
ଆଉ ନ ଡାକିବୁ ରାଧିକା ବୋଲି, ରେ !
ଗୋପପୁରେ ଗୋପୀ ନାହାନ୍ତି କେତେ।
ମୋ ନାମ ଜାଣିଲା ବଂଶୀ କେମନ୍ତେ ?
ଯମୁନା ଉଜାଣି ବହୁଛି ପାଣି।
ଶିଳା ଗଡ଼ିଗଲେ ତୋ ଧ୍ୱନି ଶୁଣି ॥
ଯମୁନାରୁ ନୀର ଆଣିବା ବେଳେ।
ଚ଼ାଖରୁ କଳସୀ ପଡ଼ିଲା ତଳେ ॥
ଅକୁଳ ଘରକୁ କୁଳଚନ୍ଦ୍ରମା।
କହେ ସାଲବେଗ ବଂଶୀ ଗାରିମା ॥

ଶ୍ରୀପୁରୁଷୋତ୍ତମ ଯିବା ମନ

ଶ୍ରୀପୁରୁଷୋତ୍ତମ ଯିବା ମନ,
ସାଙ୍ଗ ହୋଇ ଯିବା ପାଞ୍ଚଜଣ।
ତୁନି ହୋଇ ଯିବା କେହି ନ ଜାଣିବେ,
ବସି ଭାଳୁଥିବା ମନେ ମନ॥
ଆହେ ପାଞ୍ଚଜଣ...। ୧।

ସଲଖ ସୁନ୍ଦର ବଡ଼ଦାଣ୍ଡ,
ନବକୋଟି ଲୋକେ ତହିଁ ରୁଣ୍ଡ।
ଦେଖିବା ମାତ୍ରକେ ପାପ କ୍ଷୟ ଯିବ,
ପାପାଧି ପାତକ ହେବ ଖଣ୍ଡ,
ଆହେ ବଡ଼ଦାଣ୍ଡ। ୨।

ଦାଣ୍ଡକୁ ଭରିଛି ସିଂହଦ୍ୱାର
ବାଇଶି ପାବଛ ତ୍ରେଲୋକ୍ୟର।
ବଟମୂଳେ ଥାଇ ଅନନ୍ତ ମୂରତି,
ମୁକୁତା ମଣ୍ଡପେ ବିମ୍ବାଧର,
ଆହେ ତ୍ରୈଲୋକ୍ୟର। ୩।

ସାଜେଣି ହୋଇଛି ତିନି ରଥ
କି ଶୋଭା ପାଉଛି ପଦ୍ମମୁଖ।
ହୀରା ନୀଳା ମୋତି ମାଣିକ୍ୟ ଜଳୁଛି,
ଫରହର ବାନା ଉଡ଼େ ନେତ,
ଆହେ ଜଗନ୍ନାଥ। ୪।

ଏହି ଜଗନ୍ନାଥ ଗୋପପୁରେ
ବଛା ରଖିଥଲେ ନନ୍ଦଘରେ ।
ଇନ୍ଦ୍ର ବିବାଦରୁ ଅଷ୍ଟମଲ୍ଲ ମାରି,
ଗିରି ଟେକିଥିଲେ ବାମ କରେ,
ଆହେ ଗୋପପୁରେ । ୫ ।

ଏହା ଜଗନ୍ନାଥେ ଆଶ୍ରେ କରି,
ସାଲବେଗ ବୋଲେ ରାମହରି ।
ତ୍ରିସନ୍ଧ୍ୟା କାଳରେ ସମ୍ପୂର୍ଣ୍ଣ ହୋଇଲା,
ପାରିକର ଦାରୁ ଦୂବ କରି । ୬ ।

ଯାଅ ତୁମ୍ଭେ ନନ୍ଦ କହ୍ନାଇଁ

ଯାଅ ତୁମ୍ଭେ ନନ୍ଦ କହ୍ନାଇଁ
ମୋ ନାମେ ମୁରଲୀ ବାଇବ ନାହିଁ।
ଶିରରେ ତୁମ୍ଭର ମୟୂର ପିଚ୍ଛ
ବାମେ ଆଉଜାଇ ବାନ୍ଧିବ ନାହିଁ।।

ବାମେ ଆଉଜାଇ ବାନ୍ଧିବ ଯେମନ୍ତେ
ପୁଞ୍ଜା ପୁଞ୍ଜା ମଲ୍ଲୀ ଖଞ୍ଜିବ ନାହିଁ।
କଟୀରେ ତୁମ୍ଭର କ୍ଷୁଦ୍ର ଘଣ୍ଟିକା
ବେଗ ବେଗ ହୋଇ ଚାଲିବି ନାହିଁ।।

ପୟରେ ତୁମ୍ଭର ରତ୍ନକଠାଉ
ଧୀର ଧୀର ହୋଇ ଚାଲିବ ନାହିଁ।
ଧୀର ଧୀର ହୋଇ ଚାଲିବ ଯେମନ୍ତେ
ପୀତାମ୍ବର ଖଦି ପିନ୍ଧିବ ନାହିଁ।।

ନାଚି ନାଚି ଆସୁଥାନ୍ତି ନାନା ରଙ୍ଗେ
ତହିଁକି ଗୋପିକା ହୋଇଲେ ବାଇ।
କହେ ସାଲବେଗ ଜାତିରେ ଯବନ
ରାଧାକୃଷ୍ଣ ପାଦ ହୃଦରେ ଧ୍ୟାୟି।।

ରାଧା ମଧୁର ମଙ୍ଗଳ ମୂରତି

ରାଧା ମଧୁର ମଙ୍ଗଳ ମୂରତି ।
ବ୍ରଜ ରମଣୀମଣି
ବୃଷଭାନୁନନ୍ଦିନୀ
ସକଳ ରୂପ ଗୁଣ ରସବତୀ ।

ନବକିଶୋରୀ ଗୋରୀ,
କୋଟିକାମ ମନୋହାରୀ,
ପ୍ରାଣପତିର ସେ ବଶ ଅତି ।

କହେ ସାଲବେଗ ହୀନ
ସେ ପାଦେ ଶରଣ
ବିନୁ ନାହିଁ ମୋର ଆନ ଗତି ।

ସଖୀଗୋ, ମୋତେ କି କଲେ କାଳିଆ

ସଖୀଗୋ, ମୋତେ କି କଲେ କାଳିଆ
ବଂଶୀଧ୍ୱନି ଶୁଣି ଉଲୁସାଇ ଦେଲା ହିଆ ।।

ଏ କୁଳେ ସେ କୁଳେ,
ସଖୀ ଗୋ,
ନୋହିଲି ଦି' କୁଳେ ।
କୃଷ୍ଣରେ କଳଙ୍କୀ ରାଧା ବୋଲନ୍ତି ଗୋକୁଳେ ।।

ନୀର ଆଣି ଯିବାବେଳେ ଜଗିଥାନ୍ତି ବାଟ ।
ଦଧି ବିକା ଲେଉଟାଣି ମାଗୁଥାନ୍ତି ଘଟ ।।

ଯୂଈ ଲଗାଇଣ ଚାଲ ଯିବା ମଧୁପୁରୀ ।
କୃଷ୍ଣ ଲାଗି କଂସ ଆଗେ କରିବା ଗୁହାରି ।।

ଜାତିକୁଳ ନେଲା ସବୁ ନନ୍ଦପୁଅ କାହ୍ନୁ ।
ରାଧା ରାଧା ବୋଲି ସେ ଯେ ଡାକୁଥାଏ ବେଣୁ ।।

କହେ ସାଲବେଗ ହୀନ ଜାତିରେ ଯବନ ।
ଶ୍ରୀରଙ୍ଗାଚରଣ ବିନୁ ନାହିଁ ଅନେ ମନ ।।

ସ୍ୱପ୍ନେ ଦେଖିଲି ଆଜ ରଜନୀ

ସ୍ୱପ୍ନେ ଦେଖିଲି ଆଜ ରଜନୀ
ନନ୍ଦନନ୍ଦନ ମୋତେ କୋଳେ ଘେନି,
କେତେ ଭାବ କଲେ ମୁରଲୀପାଣି,
ଗୋ ସଜନି !

କରୀନ୍ଦ୍ର ଦନ୍ତମୟ ପଲଙ୍କରେ,
ବିଜେ କରି ହରି ଧରିଣ କରେ ।
ନାନା ଅଳଙ୍କାର ଖଞ୍ଜି ଅଙ୍ଗରେ,
ସାଜିଲେ ବେଶ ଅତି ଆନନ୍ଦରେ ।।

ସାଜି ବେଣୀରେ ମୁକୁତା ଅନେକ
ନେଇ ଖଞ୍ଜିଲେ ନାସାରେ ତିଳେକ ।।

ମୁକୁର ଦେଖାଇ ଯଦୁନାୟକ ।
ଧଇଲେ ମୋ ଅର୍ଦ୍ଧଇନ୍ଦୁ ଚିବୁକ ।।

କୁଚବୀଣା ତୁମ୍ଭି ମାନସ ଦଣ୍ଡି ।
ରୋମ ଅରାଜି ଗୁଣା ତହିଁ ଖଞ୍ଜି ।।

ତୀକ୍ଷ୍ଣେ କରଜେ ମନ୍ତ୍ରମାନ ବୁଝି ।
ନିରତେ ଶୃଙ୍ଗାର ରସ ଉପୁଜି ।।

କେତେ ଗୁପତରେ ସେ କାମନାର ।
ବିଚାରିଲେ ଥରେ ନୋହେ ଅନ୍ତର ।।

ନୀବିବନ୍ଧ ଛନ୍ଦ ନୋହେ ବାହାର।
ସରିଲା ସୁରତି ହାରିଲା କାମ।
ମୋ ଅଙ୍ଗେ ଆଉଜି ରହିଲେ ଶ୍ୟାମ॥

ନେତ୍ରପ୍ରାନ୍ତକାଳେ ଯେସନେ ଘୂମ।
ମଘବା-ସମ୍ପତ୍ତି ନୋହିବ ସମ॥

ଯେଥିଉତ୍ତାରୁ ପାଇଲି ଚେତନା।
ଉଠି ଲେଉଟନ୍ତେ କୋଳେ ନାହିଁ ଶ୍ୟାମ॥

ତେତେବେଳେ ଯାହା ହେଲା ମୋ ମନ।
ଏ ରସେ ଭଣେ ସାଲବେଗ ହୀନ॥

ମୁଁ ତୋତେ କି ବୋଇଲି କି

ମୁଁ ତୋତେ କି ବୋଇଲି କି
ତୁ ବସିଅଛୁ ରୁଷି।
ଚନ୍ଦ୍ର ମାବଦନ ଟେକି ଚାହୁଁ କି ନା ହସି।।

ବୋଲେ ନନ୍ଦରାଣୀ ତୋର ପରିମୁଣ୍ଡା ଯାଇ ରେ।
କମଳନୟନୁ ନୀର ସ୍ରବାଉ କିମ୍ପାଇଁ ରେ।।

ଆସ ଆସ ବାବୁ ମୋର ଦୀନ ପ୍ରାଣମଣି ରେ।
ଦେବି ମୁଁ ଅଧାମ ସର ଅଧିକ ଲବଣୀରେ।।

ଧୂଳିରୁ ଝାଡ଼ିଣ ମାୟେ ପୋଛେ ପଣତରେ।
ଚୁମ୍ବନ ଦିଅନ୍ତି ମାୟେ ଅତି ସ୍ନେହଭରେ।
ଯେବଣ ମୁଖକୁ ଭବ ବିରଞ୍ଚି ଭାବନ୍ତି।
କହେ ସାଲବେଗ ଧନ୍ୟ ଭାଗ୍ୟ ଯଶୋବନ୍ତୀ।।

ବୃନ୍ଦାବନେ ବଂଶୀ କେ ବଜାଇଲା

ବୃନ୍ଦାବନେ ବଂଶୀ କେ ବଜାଇଲା, ଗୋ ମିତ !
ଅଚଳିତ ଦେହ ଆମ୍ଭର ହୋଇଲା ।
ପାଷାଣ ହୋଇଲା ପାଣି ଯମୁନା ବହେ ଉଜାଣି
ପବନ ଥକିତ ହୋଇ ରହିଲା ।
ଶୁଷ୍କ ତରୁମାନେ ଥିଲେ ଧ୍ୱନି ଶୁଣି ପଲ୍ଲବିଲେ
ବ୍ୟାଘ୍ର ପଛେ କୁରଙ୍ଗୀ ଗୋଡ଼ାଇଲା, ଗୋ ମିତ ! ୧ ।
ମୁନିଙ୍କ ଆସନ ଢଳି ରସ ନ ପଡ଼ିଲା ଗଳି
ଝରଝର ମକରନ୍ଦ ବହିଲା ।
ଶୂନ୍ୟେ ବାଜେ କ୍ଷୁଦ୍ର ଘଣ୍ଟି ନୀବିବନ୍ଧ ଗଲା ଫିଟି
ବସନ ପିନ୍ଧିତେ ତର ନୋହିଲା, ଗୋ ମିତ । ୨ ।
ପୁଷ୍ପ ଚୁମ୍ବିଲେ ଭ୍ରମର ନିଶ୍ଚଳ କରି ମନ୍ଦିର
ଧେନୁ ମୁଖେ ତୃଣ ଚାପି ରହିଲା ।
ବାଉଁଶ ଖଣ୍ଡିଏ ବାଛି କାହିଁ ସେ ସଜାଡ଼ିଅଛି
ଏକାଇ ରାଧା ରାଧା ରଇଲା, ଗୋ ମିତ । ୩ ।
କହେ ସାଲବେଗ ହୀନ ଜାତିରେ ମୁହିଁ ଯବନ
କୃଷ୍ଣଚରଣେ ଚିତ୍ତ ରହିଲା ଗୋ ମିତ । ୪ ।

ମୋତେ ସେହି ରୂପ ଦେଖାଅ ହରି

ମୋତେ ସେହି ରୂପ ଦେଖାଅ ହରି
ଜୟ ଶ୍ରୀରାଧେ ରାଧେ ଡାକେ ବାଂଶରୀ।
ଯେଉଁ ରୂପେ ବଳିଦ୍ୱାରେ ହେଲ ଭିକାରି ॥

ତ୍ରିପାଦରେ ଦାନ ନେଇ ବଳିକି ପାତାଳେ ଥୋଇ
ତେଣୁ କରି ଶୁକ୍ର ମନ୍ତ୍ରୀ ନୟନରେ କୁଶ ଭରି ॥

କୈକେୟୀ ହେଲେ ଭଗାରି ରାମ ହେଲେ ବନଚାରୀ
ସଙ୍ଗତେ ସୀତୟା ନାରୀ ଲକ୍ଷ୍ମଣ ଯା' ସେବାକାରୀ ॥

ଗୋପେ ଜନମ ହୋଇଲ ବନେ ଧେନୁ ଚଳାଇଲ
ଗୋପାଳ ପୁଅଙ୍କ ମେଳେ ନାଚୁଥାଅ ଢଳିଢଳି ॥

ଡାହାଣେ ଶ୍ରୀ ହଳପାଣି ମଧ୍ୟେ ସୁଭଦ୍ରା ଭଉଣୀ
ବାମ ପାଶେ ବସିଛନ୍ତି ଶଙ୍ଖ-ଚକ୍ର-ଗଦାଧାରୀ ॥

କହେ ସାଲବେଗ ହୀନ ଜାତିରେ ଅଟେ ଯବନ
କଂସ ଅଷ୍ଟମଲ୍ଲ ମାରି କାହାକୁ ନ ଅଛି ତାରି ॥

ଯାଅ, ଯାଅ ମୋଠାରୁ

ଯାଅ, ଯାଅ ମୋଠାରୁ ତୁମ୍ଭେ ରସିକ କହ୍ନାଇ
ତରଳ ତରଙ୍ଗ ରୂପ ଅଙ୍ଗ ଦିଶୁନାହିଁ।
ଦଣ୍ଡେହେଁ ନ ରହ ମୋହଠାରେ ହେ ମୋହନ,
ବିପରୀତ ଦେଖିଲି ମୁଁ ଅଙ୍ଗରେ ଅଞ୍ଜନ।
କପୋଳେ କସ୍ତୁରୀ ଚିତା ଲାଗିଛ ଅଳତା,
କି ବୋଲି କା'ଠାକୁ ଗଲ ସେ କାହା ବନିତା।
ଆଙ୍ଗୁଷ୍ଠିର ରତ୍ନମୁଦିମାନ କି ସକଳ,
ରତି ଅଳସରେ ଅବା ଦେଇ ତ ଅଇଲା।
ଅନିଦ୍ରାରେ ନେତ୍ର ବେନି ଘୂମିତ ହୋଇଛି,
ଆଲିଙ୍ଗନ ଚୂଡ଼ି ସଞ୍ଚା ଦେହେ ତ ଲାଗିଛି।
ଅତି ସଙ୍କଟରେ ତୋରେ ପାଇଥିଲୁ ଏଡ଼େ,
ଚାରିଆଡ଼େ ଅପକୀର୍ତ୍ତି ପତାକା ତ ଉଡ଼େ।
କହେ ସାଲବେଗ ଯେବେ ପ୍ରମାଦ ପଡ଼ିଲା,
କେ କହିବ ରାଧା ଆଗେ ଦୂତୀ କେଣେ ଗଲା।

ଶ୍ୟାମବନ୍ଧୁ ଲାଗିଲେ

ଶ୍ୟାମବନ୍ଧୁ ଲାଗିଲେ, ଦୀନବନ୍ଧୁ ଲାଗି
ମୁଁ ସଢ଼ିଲି କି ଗୋ !
ମା ମୁଁ କି କଲି ।।
ଯମୁନାକୁ ନୀର ଆଣି ଗଲାବେଳେ ଯାଉଥାଇ ଡରି ଡରି,
କଦମ୍ବମୂଳେ ମୁରଲୀ କରେ ଧରି ଚାହିଁଦେଲେ ଭଙ୍ଗୀ କରି,
କି ଗୋ ମା !
ଶିରେ କେକୀଚୂଳ ବାଙ୍କେ ବାନ୍ଧିଥାଇ ବନସ୍ତର ଫୁଲ ଖଞ୍ଜି,
ରଙ୍ଗିମା ଅଧରୁ କହିଦେଉଥାନ୍ତି ମଧୁର ମଧୁର କରି,
କି ଗୋ ମା !
ଚଞ୍ଚଳ ଚକ୍ଷେ ଚରଣ ନ ଚଳଇ ନ ପାରଇ କୁମ୍ଭ ଧରି,
ଲୋକଲାଜ ମୁହିଁ ଛାଡ଼ି ଯା ଅଇଲି ଦୁଷ୍ଟ ନଣନ୍ଦକୁ ଡରି,
କି ଗୋ ମା !
ଚିତ୍ରପ୍ରତିମା ପ୍ରାୟେ ତାଙ୍କୁ ମଣଇ ଚାହିଁ ତା ବେଶ ଚାତୁରୀ,
ଅନ୍ତରେ ଶ୍ୟାମ ବ୍ୟାଧି ମୋତେ ହୋଇଣ ବାମଦେବରିପୁ ଡରି,
କି ଗୋ ମା !
ଶ୍ୟାମବନ୍ଧୁ ସଙ୍ଗେ ପ୍ରୀତି କରି ଦିଅ ସଙ୍ଗେ ଦିଅ ସହଚରୀ,
କହେ ସାଲବେଗ ଜାତିରେ ଯବନ ସଂସାର ସାଗର ତରି,
କି ଗୋ ମା !

ବୃନ୍ଦାବନେ ରାହାସ ଲୀଳା

ବୃନ୍ଦାବନେ ରାହାସ ଲୀଳା
ଦେଖି ମୋ ଚିତ୍ତ ହୋଇଲା ଭେଳା ।।

ବେଣୁ ବୀଣା ତାଳ ମୃଦଙ୍ଗ ଶବଦେ
ରାହାସ ଉତ୍ସବ ସୁବେଶ ତ୍ୱରା ।
ଗାୟନ ବାୟନ ଶୁଭେ ଶଙ୍ଖଧ୍ୱନି,
ବୃନ୍ଦାବନେ ପଶି ହୋଇଲି ଭୋଳା ।।

ଷୋଳସସ୍ର ବୃନ୍ଦ ମଧ୍ୟରେ ଗୋବିନ୍ଦ,
ମଦନମୋହନ ବେଶ ଚତୁରା ।
ବାମରେ ରାଧିକା ଦକ୍ଷିଣେ ଦୂତିକା
ମଧ୍ୟରେ ନାଚନ୍ତି ନନ୍ଦର ବଳା ।।

ନାନା କୁସୁମରେ ଚୂଳ ବାନ୍ଧିଅଛି
ଟଗର ତରାଟ କୁନ୍ଦ ତ୍ୱରା ।
ମନମଥ ବେଶ କହି ନା ନଯାଇ,
ଚାହିଁବା ଛଟକେ ସଢ଼ିଲି ପରା ।।
ବଂଶୀଧ୍ୱନି ଶୁଣି ଯମୁନା ଉଜାଣି,
ପାଷାଣ ତରଳି ବହିପଡ଼ିଲା ।
କୁଳସ୍ତିରୀ କୁଳଲଜ୍ଜା ଉପେକ୍ଷିଲେ
ତୃଣ ଛାଡ଼ି ମୃଗ ଧାଇଁ ଅଇଲା ।।
ବାଙ୍କେ ବାଙ୍କେ ଚାହିଁ ମୂରଲୀ ବଜାଇ
ନବୀନ ଗୋପୀଙ୍କ ଚିତ୍ତଚୋରା ।
କହେ ସାଲବେଗ ମୂଢ଼ ଅଜ୍ଞାନ
ବୃନ୍ଦାବନ ଭୋଗ୍ୟ ନୋହିଲା ପରା ।।

ବାଛି କେ ନାମ ଦେଲା ଦଇତ୍ୟାରି

ବାଛି କେ ନାମ ଦେଲା ଦଇତ୍ୟାରି, ଦୟାନିଧି !
ଦଇତ୍ୟାରି ଦୟାନନିଧି ଦୟାଳୁ ରାମହରି,
ନିର୍ଦ୍ଦୟ କିମ୍ବା ହେଲ ନିରବଧି । ୧ ।
ଭଜିଣ ସେ ପଦାମ୍ବୁଜ,
ଶୀଘ୍ରେ ତରିଗଲା ଗଜ,
କାହୁଁ ସ୍ଫୁରିଲା ତାର ବଳବୁଦ୍ଧି । ୨ ।
ଚିନ୍ତିଲା ପ୍ରହଲାଦ,
ଭକ୍ତ ପାଇଁ ବିଷାଦ,
ସ୍ତମ୍ଭରୁ ବାହାରି ତା ପିତା ବଧି । ୩ ।

ଗୋପେ ରଖି ଗୋକୁଳ,
ଗିଳିଲ ଦାବାନଳ,
କଲ ଗୋପୀଙ୍କ କାମନା ସିଦ୍ଧି । ୪ ।
କହେ ସାଲବେଗ ହୀନ,
ଏ ଅଟେ ମୋ ନିବେଦନ,
ସେ ପାଦେ ଚିତ୍ତ ରହୁ ନିରବଧି । ୫ ।

ନ ଯା ତୁ ବନବାସ କରି

ନ ଯା' ତୁ ବନବାସ କରି ରେ, କୋଦଣ୍ଡଧାରୀ:
ବନବାସ କରିଗଲେ ଭ୍ରଥ ନେବ ଶିରିରେ ।।

ଭ୍ରଥ ପଛେ ରାଜା ହେଉ ନଗରରେ ବସ ।
ଭିକ୍ଷାପାତ୍ରେ ମାଗି ଖା' ତୁ ନ ଯା ବନବାସରେ ।।

ପାଟ ପୀତାମ୍ବର କାହ୍ନୁ ନ ରୁଚଇ ତୋତେ ।
ପତ୍ରକୁଡ଼ିଆରେ ଦିନ ବଞ୍ଚିବୁ କେମନ୍ତେରେ ।।

ଶିବଧନୁ ଭାଙ୍ଗି ତୋତେ କରାଇଲି ବିଭା ।
ତା' ମୁଖ ତୋ ମୁଖ କାହ୍ନୁ ପାଇନାହିଁ ଶୋଭାରେ ।।

ନଈ ବାଙ୍କ ବାଙ୍କରେ ପୋଖରୀ ସମତୁଲ ।
ତୁ ଭାରି ଭ୍ରମରା ଅଟୁ ସ୍ତିରୀ ଚମ୍ପାଫୁଲ ରେ ।।

କହେ ସାଲବେଗ ହୀନ ଜାତିରେ ଯବନ ।
ତୋହ ଶ୍ରୀଚରଣ ବିନୁ ଗତି ନାହିଁ ଆନରେ ।।

ନିରାଶ ନକର ରାଧେ

ନିରାଶ ନ କର ରାଧେ,
ଅଲପ ଅନାଇ ଯାଅ ଏଣିକି !!
ସାନ ସାନ କାଳେ ଗୋପସୂତ ମେଳେ
ତୁହିଁ ମୋତେ ରାଧେ ବରି ନାହୁଁ କି ?
ତୋ ମନେ ନଥିଲେ ପାସୋର ତ ଗଲେ
ପଚାର ତୋ ସଙ୍ଗ ସହଚରୀ କି । ୧ ।
ସେ କଥାକୁ ଛାଡ଼ ଏବେ ହେଲ ବଡ଼
ଚତୁରୀ ନାଗରୀ ଶିଖିଲ ନିକି ।
ଏବେ ତ କିମ୍ପାଇଁ ମଉନେ ରହିଛ
କଢ଼ ଫୁଟି ଫୁଲ ବାସିଲାଣି କି । ୨ ।
ମୁଖରେ ତାମ୍ବୁଳ ନୟନେ କଜ୍ଜ୍ୱଳ
କୁଚେ ପତ୍ରାବଳୀ ଘେନିଲଣି କି ?
ଅଞ୍ଚଳ ଫିଟାଇ ରସିକପଣକୁ
କାମଭଣ୍ଡାରକୁ ବୁଝିଲାଣି । ୩ ।
ଶ୍ରୀକୃଷ୍ଣ ବଚନେ ରାଧିକା ମଉନ
ହସି କଥା କହି ଜାଣିଲନି କି ?
କହେ ସାଲବେଗ ରାଧିକା ବୋଲନ୍ତି
ସବୁକାଳେ ସବୁ କଥା ଥିବ କି । ୪ ।

କେଣେ ଘେନିଯାଉଛ ଜଗନ୍ନାଥଙ୍କୁ

କେଣେ ଘେନିଯାଉଛ ଜଗନ୍ନାଥଙ୍କୁ,
ଆମ୍ଭେ ଦର୍ଶନ କରିବୁ କାହାକୁ ?
ଖୁଣ୍ଟିଆ ଡାକ ଦେଲେ ପହଣ୍ଡି ବିଜେ ହେଲେ
ବିଜୟକର ପ୍ରଭୁ ଚାପକୁ, ଆମ୍ଭେ ଦର୍ଶନ ....। ୧ ।

କୁଳବଧୂଙ୍କ ରଡ଼ି ପଣ୍ଡାଏ ଗଡ଼ାଗଡ଼ି
ବିଧାତା ବାମ ହେଲା ଓଡ଼ିଶାକୁ, ଆମ୍ଭେ.......। ୨ ।

ବଡ଼ଦେଉଳୁ ବାହାରି ଶଗଡ଼ିରେ ବିଜେ କରି
ରେଣୁ ଯେ ପଡୁଥିବ ଶ୍ରୀମୁଖକୁ,
କହଇ ସାଲବେଗ ନିର୍ମାଲ୍ୟ କାହୁଁ ହେବ
ଧିକ ଧିକ ଆମ୍ଭ ଜୀବନକୁ, ଆମ୍ଭେ ....। ୩।

କାଳିଆ କାହ୍ନୁ ମୋହନ ବେଣୁ

କାଳିଆ କାହ୍ନୁ ମୋହନ ବେଣୁ
କାହୁଁ ଖୋଜି ଖୋଜି ପାଇଲା ।
ଯେ ବୋଲୁ ସେ ବୋଲୁଛି ତ ମୁରଳୀରେ ରହିଲା । ପଦ ।

ପାଦେ ପାଦ ଛନ୍ଦି ପୀତବାସ ପିନ୍ଧି କଦମ୍ବ ତଳରେ ରହିଲା,
ପୟରେ ନୂପୁର ଝୁମୁକି କଠାଉ କେମନ୍ତେ ସୁନ୍ଦର ଶୋହିଲା ।।

ମୁଁ ତାର ମାଇଁ ସେ ମୋହର ଭଣଜା ମୁଖେ ତାର ଲାଜ ନୋହିଲା,
ତାର ଲାଗି ପଛେ ତେଜିବି ଜୀବନ ଲୋକେ ଅପଖ୍ୟାତି ହୋଇଲା ।।

ବେଗେ ରହ ରହ କାଖୁ କୁମ୍ଭ ଥୁଆ ଆଗରେ ଓଗାଳି ରହିଲା,
ମନ୍ଦ ମନ୍ଦ ହସି ପାଖେ ବସାଇଲା ତେରେଛ ନୟନେ ଚାହିଁଲା ।।

ତା ଅପାଙ୍ଗ ଶର ମରମେ ବାଜିଲା ଶର ବାଜି ଲାଖି ରହିଲା,
ଶୟନ ଭୋଜନ ଦୁଃ ମୁଁ ତେଜିଲି ମରିବା ଉପାୟ ହୋଇଲା ।।

କହେ ଅତି ଶୋକେ ରାଧା ଦୂତୀ ଆଗେ କୃଷ୍ଣକୁ ଆଣ ଯା ବୋଇଲା,
ରାଧିକା ସନ୍ଦେଶ ଘେନି ସହଚରୀ କୃଷ୍ଣକୁ କୁଞ୍ଜରେ ଭେଟିଲା ।।

ରାଧିକା ବିନୟ ଦୂତିକା କହିଣ ଶ୍ରୀକୃଷ୍ଣ ଛାମୁରେ ରହିଲା,
ବିଳମ୍ବ ନ କର ଚଳ ରାଧାପୁର, ହୀନ ସାଲବେଗ କହିଲା ।।

କହ ଗୋ କି ବୁଦ୍ଧି କରିବି

କହ ଗୋ କି ବୁଦ୍ଧି କରିବି !
ପ୍ରାଣନାଥ ନଇଲେ ମୁଁ ଜୀବନ ହାରିବି !

ଯେ ଦେଶରେ ରହିଛନ୍ତି ମୋର ପ୍ରାଣପତି ।
ସେ ଦେଶରେ ନାହିଁ ପର ମାର-ଶର ଭୀତି ॥

ଅଙ୍କ ବିନା କାନ୍ତ ମୋତେ ନ ବସାନ୍ତି ଆନେ ।
ସେ ଏଡ଼େ ନିଷ୍ଠୁର ବୋଲି ନ ଥିଲା ମୋ ମନେ ॥

ଅବଧି ତ ବଳିଗଲା କାନ୍ତ ମୋ ନଇଲେ ।
କାହା ଗୃହେ ଅଭିଳାଷେ ସେ ମୋତେ ପାଶୋରିଲେ ॥

ଯେତିକି ଟେକନ୍ତି କାନ୍ତି ତେଣିକି ପକାନ୍ତି !
ଭ୍ରମରଙ୍କ ପରି ସିନା ପୁରୁଷଙ୍କ ମତି ॥

କହେ ସାଲବେଗ ହୀନ ଜାତିରେ ଯବନ ।
ରାଧାକୃଷ୍ଣ ପଦ୍ମପାଦେ ରହୁ ମୋର ମନ ॥

ତରୁତଳେ କେ ବଂଶୀ ବଜାଇଲା

ତରୁତଳେ କେ ବଂଶୀ ବଜାଇଲା
କି ଆଗୋ ମିତ !
ବାଂଶୁରୀ ବଜାଇ ମୋ ଚିତ୍ତ ମୋହିଲା ଲୋ !
ସେ ବଂଶୀଧ୍ୱନି ଶୁଣି,
ପାଷାଣ ହୋଏ ପାଣି,
ଶୁଷ୍କ ତରୁ ପଲ୍ଲବିତ ହୋଇଲା ଲୋ !
ସେ ବଂଶୀ ଶୁଣି କର୍ଣ୍ଣେ,
ନିଦ୍ରା ନାହିଁ ମୋ ନୟନେ,
ସେ ବଂଶୀ ରାଧା ରାଧା ବାଇଲା ଲୋ !
ସେ ବଂଶୀଧ୍ୱନି ଶୁଣି,
ଯମୁନା ବହେ ଉଜାଣି,
ଜଳ ତେଜି ମୀନ କୂଳେ ରହିଲା ଲୋ !
କହେ ସାଲବେଗ ହୀନ,
ଜାତିରେ ଅଟେ ଯବନ,
ରାଧାକୃଷ୍ଣଙ୍କର ଭେଟ ନୋହିଲା ଲୋ !

ଧନ ମୋର କେତେ ସ୍ନେହ ଲଗାଇଛି

ଧନ ମୋର କେତେ ସ୍ନେହ ଲଗାଇଛି ।
ଘଡ଼ିକେ ଘଡ଼ିକେ ମୋର ପରାଣ ଦହୁଛି ॥

କେ ଯାଇ କହିବ ଶ୍ୟାମବନ୍ଧୁ କୁ ବଚନ ।
ଆଲିଙ୍ଗନ କରି ତାକୁ ଦେବି ମୁଁ ଚୁମ୍ବନ ॥

କେ ଯାଇ କହିବ ଶ୍ୟାମବନ୍ଧୁ କୁ ବାରତା ।
ଗଳାରୁ ମୁଁ କାଢ଼ିଦେବି ହାର ମୋ ମୁକୁତା ॥

ପ୍ରାଣବନ୍ଧକୁ କହିବ ଦେଖୁ ହେଲେ ଦୂର ।
ପରାଣବନ୍ଧୁଙ୍କଠାରୁ ହେଲି ମୁଁ ଅନ୍ତର ॥

କହେ ମୂଢ଼ ସାଲବେଗ ଅତି ମତିହୀନ ।
ଶ୍ରୀରାଧାକୃଷ୍ଣଙ୍କ ପାଦେ ରହୁ ମୋର ମନ ॥

ନବୀନ ନଟବର ମୂରତି

ନବୀନ ନଟବର ମୂରତି ।
କୃଷ୍ଣଙ୍କୁ ଦେଖି ମୋ ବିଳିଲା ମତି ॥

କଦମ୍ବ ମୂଳରେ ହୋଇଛି ଉଭା ।
ଅଧରେ ମୁରଲୀ ପାଉଛି ଶୋଭା ॥

କାଳିଆ ଅଙ୍ଗରେ ଟୋପି ଚନ୍ଦନ ।
କଳାମେଘେ ଯେହ୍ନେ ପୂର୍ଣ୍ଣମୀ ଜହ୍ନ ॥

ଶ୍ରୀକୃଷ୍ଣ ପୟରେ ରତ୍ନ କଠାଉ ।
ବାଙ୍କ ଚାଲି କି ଦିଶେ ଦାଉ ଦାଉ ॥

କଟୀତଟେ ଶୋହେ ପୀତବସନ ।
ନବଘନ କୋଳେ ବିଜୁଳି ଯେନ ॥

କହେ ସାଲବେଗ ଜାତିରେ ହୀନ ।
ରାଧାକୃଷ୍ଣ ପାଦେ ରହୁ ମୋ ମନ ॥

ଧନ୍ୟ ଧନ୍ୟ ନୀଳଗିରି ବାସୀ

ଧନ୍ୟ ଧନ୍ୟ ନୀଳଗିରି ବାସୀ
ଭାଗ୍ୟ ଥିଲେ ସାଧୁସଙ୍ଗେ ମିଶି ।

ପେଟ ପୂରେଇଣ କୈବଲ୍ୟ ପାବନ୍ତି, ମୁଖେ ବୋଲୁଥାନ୍ତି ଏକାଦଶୀ, ନୀଳଗିରି !
ଯହିଁ ବିଜେ କରିଛନ୍ତି ରାମହରି ।।

ପ୍ରଭୁ ବଡ଼ଦାଣ୍ଡ ଦେଖି ହେଲି ତୋଷ
ରେଣୁ ଘେନି ମୁଖେ କଲି ଗ୍ରାସ ।
ସିଂହଦ୍ୱାରଠାରେ କୈବଲ୍ୟ ପାବନ୍ତେ ଟଙ୍କ ତୋରାଣିରେ ମନତୋଷ ।।

ସିଂହଦ୍ୱାରେ ବାଜେ ବେତ ବାଡ଼ି
ବାଜନ୍ତେ ପାତେକ ଯାଏ ଛାଡ଼ି ।
ଶ୍ରୀଜଗନ୍ନାଥଙ୍କ ଦ୍ରଶନ ନିମନ୍ତେ ସହଜନମାନେ ଠେଲାଠେଲି ।।

ପ୍ରଭୁ ବାଇଶି ପାବଛ ଗଲି ସୁଖେ
କୈବଲ୍ୟ ପସରା ବେନି ପାଖେ ।
ବ୍ରାହ୍ମଣ ଚାଣ୍ଡାଳ ଏକମେଳ ହୋଇ କୈବଲ୍ୟ ପାବନ୍ତି ମୁଖେ ମୁଖେ ।।

ଏଥୁ ଅନନ୍ତରେ ଗଲି ଖରେ
ମୁକତି ମଣ୍ଡପ ଯଉଁଠାରେ !
କଳପବଟକୁ ପ୍ରଦକ୍ଷିଣ କରି ଆଲିଙ୍ଗନ କଲି ପ୍ରେମଭରେ ।।

ରୋହିଣୀ କୁଣ୍ଡ ପାଦୁକା ରଜ
ସିଂହ ମାଡ଼ି ବସିଅଛି ଗଜ ।
ତା ତହୁଁ ଅବା ମୁଁ କେତେ ବଡ଼ ହେବି କାକ ପଡ଼ି ହେଲା ଚତୁର୍ଭୁଜ ।।

ଓଡ଼ିଆ ଜଗବନ୍ଧୁଙ୍କ ରାଣୀ
ସୁବର୍ଣ୍ଣ ଥାଳୀରେ ପରଷଣି ।
ଶ୍ରୀଜଗନ୍ନାଥଙ୍କ ଦ୍ରଶନ ନିମନ୍ତେ ସନ୍ଥଜନମାନେ ଠେଲାଠେଲି ।।
କହେ ସାଲବେଗ ମୂଢ଼ମତି
ରଙ୍ଗା ଚରଣରେ ଥାଉ ମତି ।
ଶ୍ରୀଜଗନ୍ନାଥଙ୍କ ଚରଣେ ଶରଣ ଦୟାକର ମୋତେ ଲକ୍ଷ୍ମୀପତି ।

ବେଶ ହୋଇ ଭାଳଇ

ବେଶ ହୋଇ ଭାଳଇ ବୃଷଭାନୁନନ୍ଦିନୀ,
ଗଜଦନ୍ତ ପଲଙ୍କେ ବସି ଗଜଗାମିନୀ ॥

ଯମୁନାରୁ ନୀର ମୁଁ ଆସୁଥିଲି ଘେନି
ସନ୍ଧ୍ୟାବେଳେ ନଇଲେ କିମ୍ପାଇ ବେଣୁପାଣି ।

କେଉଁ ନାଗରୀବର ରଖିଲା କାହା ପୂର
କେଡ଼େ ଦଣ୍ଡ ଦେଲେ ସେ ମୁରଲୀପାଣି ॥

କପଟ ନିନ୍ଦା କଲେ ଦୂରଦେଶେ ରହିଲେ
ବନ୍ଦୀ ରଖିଲା ତାଙ୍କୁ କେଉଁ କାମିନୀ ।

ବୋଲେ ସାଲବେଗ ହୀନ ଜାତିରେ ଯବନ
ରାଧାକୃଷ୍ଣପାଦେ ଏ ରସେ ଭଣି ॥

ମୋ ଚିତ୍ତ ହରିନେଲା କହ୍ନାଇ

ମୋ ଚିତ୍ତ ହରିନେଲା କହ୍ନାଇ
ବଂଶୀ ବଜାଇ ।।
ଅଙ୍ଗେ ଚନ୍ଦନ ଶୋଭା,
ଶିରେ ମାଳତୀ ଗଭା,
ଭଲା ସେ ଢଳି ଢଳି ନାଚଇ ।।
କହେ ସାଲବେଗ,
କାଳିଆ ନବରଙ୍ଗ,
ମୋ ଚିତ୍ତ ନେଲା ସେ ତ ଚୋରାଇ ।।

ସେ ତ ଚିକ୍‌କଣ କାଳିଆ

ସେ ତ ଚିକ୍‌କଣ କାଳିଆ କାହା ପୁଅ ଗୋ କହ କହ।
ସେ ତ କଦମ୍ବମୂଳିଆ କାହା ପୁଅ ଗୋ କହ କହ।
ସେ ତ କାଇଁଚମାଳିଆ କାହା ପୁଅ ଗୋ କହ କହ। ୧।

ଦୂତୀ ଆଗେ ଚନ୍ଦ୍ରାବଳୀ କହି
କାଲି ଯମୁନା ଗଲି ସହି,
କଦମ୍ବମୂଳରେ କି ରୂପ ଦେଖିଲି ଚାହିଁ ଚମକିପଡ଼ିଲି ମୁହିଁ,
ଗୋ କହ କହ। ୨।

ଦେଖିଲେ ବୋଲଇ ରହ ରହ
କାଖରୁ କଳସୀ ତଳେ ଥୁଅ,
ବଙ୍କିମା ନୟନେ ତେରଛ ଚାହିଁଲେ କାମେ ଜରଜର ମୋର ଦେହ,
ଗୋ କହ କହ। ୩।

ନନ୍ଦର ନନ୍ଦନ ରୂପ ଭଲା
କେଉଁ ନାରୀ ତାକୁ ଜାତ କଲା,
କାହୁଁ ସେ ଆଣିଛି ମୋହନ ମୁରଲୀ ଗୋପନାରୀ ଚିତ୍ତ ଚୋରିକଲା,
ଗୋ କହ କହ। ୪।

ଚନ୍ଦ୍ରାବଳୀ ଆଗେ ଦୂତୀ କହ
ନନ୍ଦନନ୍ଦନ ଗୋ ସେହି ସେହି,
କହେ ସାଲବେଗ ଜାତିରେ ଯବନ ଶ୍ରୀରଙ୍ଗାଚରଣ ନିଜେ ଧ୍ୟାୟି;
ଗୋ କହ କହ। ୫।

ହେମ ଚମ୍ପାବରଣୀ

ହେ ଚମ୍ପାବରଣୀ
ନବଘନ କେଶୀ ।

ଦନ୍ତ ଡାଳିମ୍ବ ପନ୍ତି
ବିମ୍ବ ଅଧର ଜ୍ୟୋତି
ବଦନ ସମ୍ପୂର୍ଣ୍ଣ ଶଶୀ ।।

କର୍ଣ୍ଣେ ହେମ ଗୁଞ୍ଜି ବେନି,
ଭ୍ରୂଲତା ଭୁଜଙ୍ଗିନୀ,
ମୃଗଜ ନୟନୀ ସୁଖେ ମୃଦୁହାସ ।।

ଗିରି ନିତମ୍ବ ଶୋଭା
କି ସୁନ୍ଦର ନଖ ଆଭା
ଗଜଗମନୀ ଯୁବାବୟସୀ ।।

ନିନ୍ଦେ ଜାନୁଯୁଗ ରମ୍ଭା,
ପଙ୍କଜ ଶୋଭା,
କହେ ସାଲବେଗ ଏହି ରସେ ରସି ।।

ଶ୍ରୀକୃଷ୍ଣର ବଂଶୀ ଧ୍ୱନି ଶୁଣି

ଶ୍ରୀକୃଷ୍ଣର ବଂଶୀଧ୍ୱନି ଶୁଣି
ଥକିତ ହେଲା ଯମୁନାପାଣି ।
ମୃଗମାନେ ତୃଣ ଚାପିଣ ରହିଲେ ଭାଙ୍ଗିଗଲା ତାଙ୍କ ବାଙ୍କଚାହାଣି ।।
ବଂଶୀସ୍ୱନ,
ଆଉ ନ ବଜା ନ ବଜା ଶ୍ୟାମଘନ ହେ ।।
ଇନ୍ଦ୍ର ବିବାଦୀ ହୋଇଲେ ଛନଛନ
ଧ୍ୱନି ଶୁଣି ଉଛୁଳିଲା ତ୍ରିଭୁବନ
ପାଷାଣ ତରଳି ବହିଗଲା,
ଅସମ୍ଭବୁ ନାରୀ ସମ୍ଭବିଲା,
ଯୋଗରେ ଥିଲେ ସେ ଯୋଗାଧିପୁରୁଷ ତାଙ୍କ ଆସନ ହିଁ ଟଳିଗଲା ହେ ।।
ଜଳ ଛାଡ଼ି ମୀନ କୂଳେ ପଡ଼ି
ବୃକ୍ଷରୁ ପତର ଗଲା ଝଡ଼ି,
ଶୁଷ୍କ ତରୁମାନେ ପଲ୍ଲବିତ ହେଲେ, କୁଳବଧୂ ଗଲେ ଲାଜ ଛାଡ଼ି ହେ ।।
ଗୋପପୁରେ ଯେତେ ଗୋପୀ ଥିଲେ
ବିଷୟା ବିଷାଦ ପାସୋରିଲେ,
ଶାଶୁ-ନଣନ୍ଦଙ୍କ ଆକଟ ନ ଘେନି ଯମୁନାକୁ ନୀର ଆଣି ଗଲେ ହେ ।।
କାଷ୍ଠ ପିତୁଳୀର ପ୍ରାୟେ ହୋଇ
ସହସ୍ର ଗୋପୀ ରହିଲେ ଚାହିଁ,
ଭଣେ ସାଲବେଗ ବଂଶୀରେ ଶରଣ ରାଧାକୃଷ୍ଣ ବିନୁ ଅନ୍ୟ ନାହିଁ ହେ ।।

ବଂଶୀ କଲା ପ୍ରମାଦ ଗୋ

ବଂଶୀ କଲା ପ୍ରମାଦ ଗୋ, ମୁରଲୀନାଦ ॥
କେ ଜନ୍ମ କଲା ତାକୁ କେ ଅଣିଲା ଗୋପକୁ,
ଶୂଳ ହେଲା କୁଳକୁ, ଆମ୍ଭମାନଙ୍କୁ ଗୋ । ୧ ।

କଦମ୍ବ ମୂଳେ ରହି, ରଙ୍ଗେ ମୁରଲୀ ବାଇ,
ଚିତ୍ତ ନେଲା ଚୋରାଇ ବଂଶୀ ବଜାଇ ଗୋ । ୨ ।

ମୁରଲୀ ହେଲା ଶଲ, ଲଜ୍ଜାରୁ ମୃତ୍ୟୁ ଭଲ
କିଛି ନ ବୋଲି ଚାଲ, ଆଉ ନ ବୋଲ ଗୋ । ୩ ।

ଜଳ ଭିତରେ ପଶି, ଚାହିଁଲେ ଶୁଭ୍ରକେଶୀ,
ମନକୁ ନେଲେ ତୋଷି, ସେ ଅଳପ ହସି ଗୋ । ୪ ।

ଦୂତୀ ବୋଲଇ ସହି, ଯିବି ମୁଁ ତୁମ୍ଭ ପାଇଁ
ଆଣିମି କୃଷ୍ଣ ଯାଇ ହୋଇ ବିନୋୟୀ ଗୋ । ୫ ।

ଶୀଘ୍ରେ ଚଳିଲେ ଦୂତୀ, ମିଳିଲେ କୃଷ୍ଣ କତି,
ସାଲବେଗର ମତି, ରହୁ କୀରତି ଗୋ । ୬ ।

ରାମ ନାମ ବୋଲ ଭାଇ

ରାମନାମ ବୋଲ ଭାଇ,
କୃଷ୍ଣନାମ ବୋଲ ।
ତରୁଆ କଦମ୍ବ ମୂଳେ ମୁରଲୀ ବଜାଅ ॥
ଦିନ ଯାଏ ଦୁଃଖେ ସୁଖେ,
ରାତ୍ର ଯାଏ ନିଦେ,
ନ ଭଜି ପାରିଲି କୃଷ୍ଣ-
ଚରଣାରବିନ୍ଦେ ।

ମାତା ତେଜ୍ୟା, ପିତା ତେଜ୍ୟା,
ଆବର ତେଜ୍ୟା ଭାଇ,
ସକଳ କୁଟୁମ୍ବ ତେଜ୍ୟ କରି,
ଗୋବିନ୍ଦରେ ଧ୍ୟାୟୀ ।

ପିତା ମୋ ମୋଗଲ ବେଟା,
ମାତା ମୋ ବ୍ରାହ୍ମଣୀ,
ହୀନ କୁଳେ ଜାତ ମୁହିଁ
ହିନ୍ଦୁ ନ ଛୁଏଁ ପାଣି ।
ନିଲମ୍ ଘୋଡ଼ା ବାଙ୍କେ ଜଡ଼ା,
ଶିରରେ ପାଗୁଡ଼ି,
ଏହି ରୂପେ ସାଲବେଗ
ଭୂମିରେ ଯା'ଏ ଗଡ଼ି ।

ଫୁଲ ତୋଳ ହୋ ନାଗର

ଫୁଲ ତୋଳ ହୋ ନାଗର !
ଫୁଲ ଉଦେ ହୋ ନାଗର !

ଫୁଲ ଗୋଟି ଫୁଟିଅଛି ଗୋବିନ୍ଦ ଛାମୁର ।।
ପାଣି ଦେଲେ ଫୁଲ ମରଇ,
ପାଣି ଦେଲେ ଫୁଲ ତରଇ ।
ଏମନ୍ତ ବିଷମ ଫୁଲ ମଲେ ବାସ କରଇ ।।

ଫୁଲଗୋଟି ଫୁଟିଅଛି ନାମ ତା ସେବତୀ,
ବେଳ ଜାଣି ଫୁଲ ତୋଳଇ ଚତୁରୀ ଯୁବତୀ ।।

ଫୁଲଗୋଟି ଫୁଟିଅଛି ଡଗର ତୁଣ୍ଡେ,
ଏମନ୍ତ ବିଷମ ଫୁଲ ନ ଲାଗଇ ମୁଣ୍ଡେ ।।

ଫୁଲଗୋଟି ଫୁଟିଅଛି ନାମ ତାର ମଲ୍ଲୀ,
ଏମନ୍ତ ବିଷମ ଫୁଲ ନ ପୁଛଇ ମାଳୀ ।।

ଫୁଲଗୋଟି ଫୁଟିଅଛି ନାମ ତାର ଗେଣ୍ଡୁ,
ପ୍ରଭୁଙ୍କ ଛାମୁରେ ଫୁଲ ନିତ୍ୟେ ନେଇ ମଣ୍ଡୁ ।।

କହେ ସାଲବେଗ ହୀନ ଫୁଲ ରସବାଣୀ ।
ପଣ୍ଡିତଙ୍କୁ ଯୁଗେ ଯୁଗେ, ମୂରୁଖ ନ ଜାଣି ।।

ନବଘନ କାଳିଆ

ନବଘନ କାଳିଆ;
ତୋର ଲାଗି ମୋର ଜାତି ଗେଲ।
ତୋର ଲାଗି ମୋର ଜାତି ଗେଲ,
ପତି ଗେଲ, କୁଳ ଗେଲ।

ଲାଜ ଲୟା ଗେଲ,
ଲେମ୍ବୁମୂଳେ କୃଷ୍ଣ ଛିଲ,
ଏକଟା ଲେମ୍ବୁ ଚାଖିଆ ଗେଲ,
ଫେକିୟା ଗେଲ।
ଗଲେ ଲେମ୍ବୁର ଗାଛ ତଳେ
ଗୁପତ ଲୀଳା ହଲ।

ରାଧା ଦୂତୀ ଜଳକେ ଗେଲ,
କଦମ ତଳେ କୃଷ୍ଣ ଛିଲ,
ସାଲବେଗ ହଟିଆ ନାଗର ମୋହନ ମୁରଲୀ ବାୟଁ। ଗେଲ।

ପ୍ରବେଶ ହୋଇଲ ବଡ଼ଦାଣ୍ଡ

ପ୍ରବେଶ ହୋଇଲ ବଡ଼ଦାଣ୍ଡ,
ଚରଣଧୂଳିରେ ପୂରିଲା ତୁଣ୍ଡ,
ଦାଣ୍ଡରେ ବସିଛି କୈବଲ୍ୟ ପସରା ଟଙ୍କତୋରାଣିରେ ମନ ତୋଷ,
ଆହେ ରାମହରି,
ପ୍ରଭୁ ବିଜେ କରିଅଛ ନୀଳଗିରି,
ପ୍ରଭୁ ଦର୍ଶନ ମାତ୍ରକେ ଯିବ ତରି। ୧ ।

ଧନ୍ୟ ପୁରସ୍ତମ କ୍ଷେତ୍ରବାସୀ,
ଭାଗ୍ୟ ଥିଲେ ସାଧୁ ସଙ୍ଗେ ମିଶି।
ଗ୍ରାସ ପୂରାଇଣ କୈବଲ୍ୟ ପାଆନ୍ତି ମିଛେ ବୋଲୁଛନ୍ତି ଏକାଦଶୀ,
ଆହେ... ....। ୨ ।

ସିଂହଦ୍ୱାରଠାରେ ବେତବାଡ଼ି
ବାଜିଲେ ପାତକ ଯାଏ ଛାଡ଼ି।
ଶ୍ରୀଜଗନ୍ନାଥଙ୍କ ଦର୍ଶନ ନିମନ୍ତେ ସାଧୁଜନମାନେ ଠେଲାଠେଲି,
ଆହେ... ....। ୩ ।

ବାଇଶି ପାବଛ ଗଲି ସୁଖେ,
କୈବଲ୍ୟ ବସିଛି ବେନିପାଖେ।
ବ୍ରାହ୍ମଣ ଚାଣ୍ଡାଳ କ୍ଷୁତ୍ରୀ ବୀରବର କୈବଲ୍ୟ ଦିଅନ୍ତି ମୁଖେ ମୁଖେ,
ଆହେ... ....। ୪ ।

ରୋହିଣୀ କୁଣ୍ଡର ପାଦରଜ,
ସିଂହ ମାଡ଼ି ବସିଅଛି ଗଜ।
ସତେ କି ଜୀବନ ସାଫଲ୍ୟ ଲଭିବ କାକ ପଡ଼ି ହେଲା ଚତୁର୍ଭୁଜ,
ଆହେ... ....। ୫ ।

ଗରୁଡ଼ ପାଖରେ ରହି ଦେଖ,
କି ଶୋଭା ପାଉଛି ପଦ୍ମମୁଖ ।
ହୀରା ନୀଳା ମୋତି ମାଣିକ୍ୟ ଜଳନ୍ତି ହୃଦେ ଲମ୍ବି ଅଛି ବ୍ୟାଘ୍ରନଖ,
ଆହେ... .....। ୬।

କହେ ସାଲବେଗ ମୂଢ଼ମତି,
ତ୍ରାହି କରିବେ ଶ୍ରୀ ଲକ୍ଷ୍ମୀପତି ।
ଶ୍ରୀରଙ୍ଗାଚରଣେ ପଶୁଛି ଶରଣ ତ୍ରାହିକର ଶାଳଗ୍ରାମ ମୂର୍ତ୍ତି ॥
ଆହେ... .....। ୭।

ବାଟ ଛାଡ଼ ସୁଘଟ ନାଗର

ବାଟ ଛାଡ଼ ସୁଘଟ ନାଗର,
ଯମୁନାକୁ ମୁହିଁ ଯିବି ପାଣିକି।
ବାଟ ପାଇଁ ଯେବେ ଲଟ ଲଗାଇଛ
ପ୍ରତିବନ୍ଧା ଦେବି ମଥାମଣିକି॥

ମଥାରେ ମନ୍ଥନ ପଥରେ ଗମନ,
ବାଟ ଓଗାଳୁଛ କାହିଁପାଇଁ କି ?
ଶାଶୂ ଗାଳିଦେବ ନଣନ୍ଦ ଚଳିବ
ବୋଲିବେ ମୋ ବହୂ ଦୋଚାରୁଣୀ କି॥

ମୁହିଁ ବୃଷଭାନୁ ନୃପତିର ସୂତା
ତୋହ ପରି ମୋତେ ମଣିଅଛୁ କି ?
ଧରିଛୁ ଅଞ୍ଚଳ କରୁଛୁ ଜଞ୍ଜାଳ
ଡର ନାହିଁ ପର ଭୁଆସୁଣୀକି॥

ଏହି ଗୋପପୁରେ କଂସ ରଜା ଡରେ
ସେ କଥା ତୋହର ମନେ ନାହିଁ କି ?
ଆରେ ଗିରିଟେକା କେତେ କରୁ ଡକା
ତୋର ଯୋଗୁ ନାଶ ଯିବି ମୁହିଁ କି ?

ରାଧାବାଣୀ ଶୁଣି ବୋଲେ ବେଣୁପାଣି
ନିଷ୍ଠୁର ବଚନ କହୁ ଏଡ଼ିକି।
କହେ ସାଲବେଗ ଶୁଣ ଠାକୁରାଣୀ
ନିରାଶ ନକର କମ୍ବୁପାଣିଙ୍କି॥

ଭଲା ସୁନ୍ଦର ଗୋପୀନାଥ କି

ଭଲା ସୁନ୍ଦର ଗୋପୀନାଥ କି !
ଆଲୋ ମିତ !
ଗଳାକୁ ରତ୍ନହାର ଯଶୋଦା ଦେଇଛନ୍ତି,
ଅଧରେ ମୁରଲୀ ଶୋଭିତ କି !

ନବଗୁଞ୍ଜାର ଫଳ, ଗୁନ୍ଥି କରିଛି ମାଳ;
ଶ୍ରବଣେ ମର୍କତକୁଣ୍ଡଳ କି !
କଳାପୁରୁଷ ବୋଲି, ଢାଳେ ପୀରତି କଲି,
ଏବେ ବଳିଲା ମୋର ଚିତ୍ତି କି !

କହେ ସାଲବେଗ ହୀନ ଏହି ମୋର ନିବେଦନ
କୃଷ୍ଣଚରଣେ ରହୁ ମତି କି !

ସଖୀଗୋ, ବଂଶୀ କାହୁ ଆଣିଲା

ସଖୀଗୋ, ବଂଶୀ କାହୁଁ ଆଣିଲା
ଯଶୋଦାନନ୍ଦନ ମୋ ପ୍ରାଣ ନେଲା ।
ଆଜିର ସପନ ଦେଖିଲି ନିଶି
ବିଜୟେ କଲେ ଗୋ ଶ୍ରୀ ବ୍ରହ୍ମରାଶି । ୧ ।
ପଲଙ୍କ ପରେ ଧଇଲେ କୋଳରେ,
ଚାହିଁ ଚମକି ପଡ଼ିଲି ଭୂମିରେ । ୨ ।
ଯେଉଁ ଦିନ ତାରେ ହୋଇଲି ଦାସୀ
ଲଗାଇଲା ମୋତେ ଅନଙ୍ଗ-ଫାଶୀ । ୩ ।
କି ଅବା କିଜାଣି ମନ୍ତର କଲା
ନିରବଧି ଶ୍ୟାମ ମନୁ ନ ଗଲା । ୪ ।
କେତେ ଯୁବା ସ୍ତିରୀ ନାହିଁ ଏ ଗ୍ରାମ,
କେମନ୍ତେ ଜାଣିଲେ ମୋହର ନାମ । ୫ ।
ମୁହିଁ କୁଳବଧୂ ଅବଳା ନାରୀ,
ବଂଶୀ ସିନା ମୋତେ ହେଲା ଭଗାରି । ୬ ।
ସ୍ନାହାନ କାଳେ ବଂଶୀନାଦ ଦେଇ,
ଭୋଜନ ସମୟେ ଡାକେ ଗୋ ସହି । ୭ ।
ଶୟନ କାଳେ ବଂଶୀ କଲା ଡକା,
ନିଶିରେ ବୋଲଇ ଆସ ରାଧିକା । ୮ ।
ଦୂତୀ କର ଧରି ଚନ୍ଦ୍ର ବଦନୀ,
ସାବଧାନ ହୋଇ ଶୁଣ ସଜନୀ । ୯ ।
ମୁରଲୀ ଶୁଣି ଗୋ ଅଥିର ତନୁ,
ଥରହର ହୋଇ କମ୍ପିଲା ଜାନୁ । ୧୦ ।
ସୁନ୍ଦରପଣେ ଶ୍ୟାମ ମନୋହାରୀ,
ବିଷ୍ଣୁ, ଏ ଭଜନ୍ତି ନାମ ଯାହାରି । ୧୧ ।
ଭଗତକୁଳକୁ ଉଦେ ଚନ୍ଦ୍ର ମା,
କହେ ସାଲବେଗ ବଂଶୀଗାରିମା । ୧୨ ।

ଆହେ କୃଷ୍ଣ ମୁରଲୀଧର

ଆହେ କୃଷ୍ଣ ମୁରଲୀଧର,
ଲେଖାରେ ତୁ ମୋର ଭଣଜା ପରା ।।
ଗୋପପୁରେ ଥାଇ ଗୋପୀଙ୍କ ଡରାଇ,
ଚୋରି କରି ଖାଅ ଛେନା କାକରା ।
ଯେଉଁ ଗୋପୀ ତୋତେ ପଣତେ ବାନ୍ଧିଲା,
ସେ କଥା ତୋ ମନେ ନାହିଁ କି ପରା । ୧ ।

ଲେଖାଯୋଖା ନାହିଁ ମୋ ହୃଦ ରମାଇଁ
ଟିକାୟେ ଅନ୍ତର ନାହିଁ କି ପରା ।
ମାମୁଁକୁ କହିବି ଛାଟ ଖୁଆଇବି
କହ୍ନାଇ କରୁଛୁ ଟାହି ଟାପରା । ୨ ।

ଗୋପେ କେତେ ସ୍ତିରୀ ନାହାନ୍ତି ମୋପରି
ମାଇଁ ବୋଲି ମିଛେ ଡାକୁଛ ପରା,
ମାତା ଯେତେବେଳେ ଛାଟ ଧରିଥାଏ
ମୋହ କୋଳେ ଲୁଚିଥାଅ ତ ପରା । ୩ ।

ସମସ୍ତେ ବୋଲନ୍ତି ରାଧା ନାଶ ଗଲା,
କୃଷ୍ଣ ତାକୁ ବାଇ କରିଛ ପରା ।
ଏକା ରାଧା ରାଧା ବୋଲି ବେଣୁ ବାଇ
ଗୋପେ କେତେ ସ୍ତିରୀ ନାହାନ୍ତି ପରା । ୪ ।

ଷୋଳସସ୍ର ଗୋପୀ ଗୋପପୁରେ ଲେଖି
ରାଧାଟା ଦୋଚାରୀ ହୋଇଲା ପରା ।
ନିନ୍ଦା ଅପନିନ୍ଦାମାନ ନ ସହଇ,
ତୋ ଲାଗି ଖାଇବି ବିଷ ମହୁରା । ୫ ।

କହନ୍ତି ଶ୍ରୀକୃଷ୍ଣ ଶୁଣ ଗୋ ରାଧିକେ,
   ତୋ ମନ ମୋ ମନ ଯେକଇ ପରା।
ନିନ୍ଦା ଅପନିନ୍ଦା ଯେତେ ଦେଲେ ହେଲେ,
   ତୁ ସିନା ମୋହର ହୃଦୟହାରା। ୬।

କହନ୍ତି ଶ୍ରୀକୃଷ୍ଣ ଶୁଣ ଗୋ ରାଧିକେ,
   ଯେଥର ତ ମୁହିଁ ଯିବି ମଥୁରା।
କହେ ସାଲବେଗ ଜାତିରେ ଯବନ,
   ତୁମ୍ଭେ ଗଲେ ମୁହିଁ ଝୁରିବି ପରା। ୭।

ଏକା ମୋ ଭକତ ଜୀବନ

ଏକା ମୋ ଭକତ-ଜୀବନ
ଭକତ ନିମନ୍ତେ ମୋର ଶଙ୍ଖଚକ୍ର ଚିହ୍ନ ।।

ଧେନୁ ପଛେ ବତ୍ସା ଯେହ୍ନେ ଗମେ କ୍ଷୀର ଲୋଭେ,
ଭକତ ପଛରେ ମୁହିଁ ଥାଇ ସେହି ଭାବେ ।।

ଭକତ ମୋ ପାଟସୂତ୍ର ଗୁନ୍ଥିଲା ଯେ ଫୁଲ ।
ଯେମନ୍ତେ ଗୁନ୍ଥିଲେ ମୁଁ ଯେ ହୋଉଥାଇ ତୁଲ ।।

ଭକତ ମୋ ମାତାପିତା ଭକତ ମୋ ବନ୍ଧୁ ।
ଭକତ ନିମନ୍ତେ ମୋର ନାମ କୃପାସିନ୍ଧୁ ।।

ଭକତ ନିମନ୍ତେ ମୁଁ ଯେ ହସ୍ତିନାକୁ ଗଲି ।
ବିଦୁର ଯେବଣ ଜାତି ତା' ଘରେ ଭୁଞ୍ଜିଲି ।।

ଭକତଙ୍କ ଭାର ବହି ମୋ କାନ୍ଧ ଫଳିଛି ।
ଭକତ ମାରିବା ନାତ ମୋ ହୃଦେ ବହିଛି ।।

କହେ ସାଲବେଗ ହୀନ ଜାତିରେ ଯବନ ।
ତିନି ଦାରୁ ଆଜ୍ଞା ହେଲେ ଯିବି ବୃନ୍ଦାବନ ।।

କାଳିଆ କଦମ୍ବ ତରୁ ତଳେ

କାଳିଆ କଦମ୍ବ ତରୁ ତଳେ ମୋତେ ଦେଖି ହସିଲା ।
ହୋଇଲି ଥମ୍ଭ ଥମ୍ଭ କାଖରୁ ମୋ କୁମ୍ଭ ଖସିଲା । ୧ ।

ତେରଛା ଚାହାଣି ରସେ ଜ୍ଞାନ ମୋର ଧ୍ୱଂସିଲା ।
ବଚନ କହିଣ କାହ୍ନୁ ପୁଣ ପୁଣ ହସିଲା । ୨ ।

ବୋଇଲା ତ ରାଧା ଗଲା ପ୍ରାୟେ ମୋତେ ଦିଶିଲା ।
ଧାଇଁ ଆସି ମାଇଁ ବୋଲି ପଥ ସେ ଓଗାଳିଲା । ୩

ଘାଟ ବାଟ ନ ଛାଡ଼ି ସେ ପଥ ଜଗି ବସିଲା ।
ତାକୁ ଦେଖି ଅଙ୍ଗେ ମୋ ଅନଙ୍ଗ ଅହି ଦଂଶିଲା । ୪ ।

କହେ ଦୂତୀ ଶୁଣ ରାଧା କୃଷ୍ଣ ତୋତେ ରସିଲା ।
ହୀନ ସାଲବେଗ ମୂଢ଼ କୃଷ୍ଣରସେ ଭାସିଲା । ୫ ।

ହେମ ମରକତେ ରାଧା ଶ୍ୟାମ ଅଙ୍ଗେ ମିଶିଲା । ୬ ।

କାହିଁକି ଆସିଛୁ ମନ

କାହିଁକି ଆସିଛୁ ମନ, କିସ ନେବା ପାଇଁ ରେ ।
ଆସିଛୁ ଲଙ୍ଗଳା ତୁ ଯିବୁ ଶୂନ୍ୟ ହୋଇ ରେ ॥

ଘାଇଯାକ ମୁକୁଳା ତୁ ବନ୍ଧ କେତେ ବାନ୍ଧୁ ରେ ।
ଆପେ ମଲେ ଯୁଗଯାଏ ପରଲାଗି କାନ୍ଦୁ ରେ ॥

ତୁ ଯାହାକୁ ବିଭାହେଲୁ ଶାଢ଼ି ଶଙ୍ଖା ଦେଇ ରେ ।
ଖାଉଅଛି ସେହି ତୋତେ କାଳରୂପୀ ହୋଇ ରେ ॥

ମାଟିଘଟ ପଞ୍ଜରୀରେ ପାଳୁ ସୁନା ଶୁଆ ରେ ।
ଅଠାକାଠି ଲଗାଇଛି ଭାବବିନୋଦିଆ ରେ ॥

କହେ ସାଲବେଗ ହୀନ ପାଦପଦ୍ମେ ଧ୍ୟାୟି ରେ ।
ଶ୍ରୀରଙ୍ଗାଚରଣ କିନ୍ତୁ ଅନ୍ୟ ଗତି ନାହିଁ ରେ ॥

ତୁମ୍ଭ ପତିତ ପାବନ ନାମ ଭେଲା

ତୁମ୍ଭ ପତିତପାବନ ନାମ ଭେଲା ହୋ ଚକାଡୋଳା !
ତୁମ୍ଭେ ଥାଉଁ ଥାଉଁ ମୋ ବୁଡ଼ିଲା ଭେଲା ହୋ ଚକାଡୋଳା !

ଯା'ର ଚାରିବର୍ଣ୍ଣ କ୍ଷୀରି ପିଠା ଅନ୍ନ,
ଏକର ହସ୍ତରୁ ଆରକ ନେଲା ହୋ।
ଦିନେ ମୋ ମନ ସପନ ଗଲା,
ଗରୁଡ଼ ପଛରେ ରହିଥିଲା ହୋ... ॥

କହେ ସାଲବେଗ ମୋ ମନ ମୋହିଲେ,
ଲୁଚିଯାଉ ପାଦପଦ୍ମକୁ।
ମନ ତୁ ଚାହୁଁ କି ନାରେ,
ବଳିୟାର ଭୁଜ ବଳଦେବଙ୍କୁ॥

ଗରୁଡ଼ ପଛରେ ରହି ଦେଖୁଥିବୁ,
ହରି ବଳରାମ ସୋହଦରଙ୍କୁ।
ତାଳୁରେ ତାଙ୍କର ତ୍ରିମୁଣ୍ଡି ଚୂଳ,
ଭଲ ଶୋହିଅଛି ବିମ୍ବାଧରୁକୁ॥

କୁଞ୍ଜେ ଗୋ ବନବିନୋଦିଆ

କୁଞ୍ଜେ ଗୋ ବନବିନୋଦିଆ,
ଆତଙ୍ଗନାଶନବାନ ବିପତ୍ତି ଧ୍ୱଂସିଆ ।।
ଗୋରୁ ଗୋପାଳ ମେଳିଆ ଆସନ୍ତି ବନରୁ ।
ମୁରଲୀର ସୁଧାରସ ବରଷେ ଅଧରୁ ।।
ଲଲାଟେ ଚନ୍ଦନ ବିନ୍ଦୁ ବିନ୍ଦ କିମ୍ପା ନିନ୍ଦୁ ।
ଦେଖ ସଖୀ ଆସୁଛନ୍ତି ମୋର ପ୍ରାଣବନ୍ଧୁ ।।
କଟିତଟେ ପୀତପଟ ଝଟଝଟ ସାଜେ ।
ଅଷ୍ଟରତ୍ନେ ଜଡ଼ିତ ସେ ନେପୁର ବିରାଜେ ।।
ବେଣୁ ବାଜେ ସିଂହା ବାଜେ ବାଜେ କରତାଳି ।
ମୟୂର ଚନ୍ଦ୍ରିକା ଚୂଳ ନାଚେ ଢଳିଢଳି ।।
ଶୁକଳ ଶ୍ରୀବୃନ୍ଦାବନେ ତରୁ କୁଞ୍ଜ ଲତା ।
ପାଲଟି ଯମୁନା ବହେ ବହିଲା ବିଧାତା ।।
କହେ ସାଲବେଗ ହୀନ ମୁହିଁ ମୂଢ଼ମତି ।
ରାଧାକୃଷ୍ଣ ପାଦ ବିନୁ ଅନ୍ୟ ନାହିଁ ଗତି ।।
କୁଞ୍ଜେ ଗୋ ବନବିନୋଦିଆ ।
ଆତଙ୍ଗ ନାଶନ ବାନା ବିପତ୍ତି ଧ୍ୱଂସିୟା ।।
ଆଗେ କରି ଧେନୁ ପ୍ରଭୁ ପଛେ ବାୟେ ବେଣୁ ।
ଗୋରଜ ଅଙ୍ଗେ ପଡ଼ିଣ ଶୋଭା ଦିଶେ ତନୁ ।।
ଆତଙ୍ଗ ନାଶନ ବାନା ଦୂର କର ଦାରୁ ।
ମୁରଲୀର ସ୍ୱରେ ସୁଧା ବରଷେ ଅଧରୁ ।।
କଟୀତଟେ ପୀତପଟ ଝଟଝଟ ରାଜେ ।
ଅଷ୍ଟରତନେ ଜଡ଼ିତ ନୂପୁର ବିରାଜେ ।।
ଦେଖ ରଖି ବୃନ୍ଦାବନେ କୁଞ୍ଜ ତରୁଲତା ।
ଓଲଟି ଯମୁନା ବହେ ବିହିଛ ବିଧାତା ।।
କହେ ସାଲବେଗ ହୀନ ମୁଁ ତ ମୂଢ଼ମତି ।
ଶ୍ରୀକୃଷ୍ଣ ଚରଣ ବିନୁ ନାହିଁ ଅନ୍ୟ ଗତି ।।

କାଳିଆ କି ମନ୍ତ୍ର କଲା

କାଳିଆ କି ମନ୍ତ୍ର କଲା
ଚିତ୍ତ ଛନ୍ନ ଛନ୍ନ ହେଲା ।।
ପୋଖରୀର ଚାରିପାଖେ ଚାରି ଗଛ ଚମ୍ପା ।
ଡାଳ ଭାଙ୍ଗି ଫୁଲ ତୋଳେ ଚତୁର ରାଧିକା ।।
ପୋଖରୀର ଚାରି ପାଖେ ବୁଣିଲି ଧଣିଆ ।
ଡାଳ ଭାଙ୍ଗି ଫୁଲ ତୋଳେ ବିଦେଶୀ ବଣିଆ ।।
ବାଟେ ସେ ନିଆଳୀ ଫୁଲ୍ ତୋଳିଲି ପଣତେ ।
ବାଳୁତ କାଳରୁ ପ୍ରୀତ ତେଜିବି କେମନ୍ତେ ।।
ବଂଶୀ ବାଜେ ସିଂହା ବାଜେ ବାଜେ କରତାଳି ।
ମୟୂରଚନ୍ଦ୍ରିକା ଚୂଳ ନାଚେ ଢଳିଢଳି ।।
ଦୟଣା ଯେ ଚୂଳମାଳ ଚନ୍ଦନ ବିନ୍ଦୁକୁ ।
ଆହା ଚି଼ ଶୋଭା ପାୟେ ମୋ ପରାଣବନ୍ଧୁକୁ ।।
କହେ ସାଲବେଗ ହୀନ ଜାତିରେ ଯବନ ।
ଶ୍ରୀମୁଖରେ ଆଜ୍ଞା ହେଲେ ଯିବି ବୃନ୍ଦାବନ ।।

ଗୋପୀମାନେ ଫେରିଆସିବୁ ଚାରିଦିନେ

ଗୋପୀମାନେ, ଫେରିଆସିବୁ ଚାରିଦିନେ !
ନଜାଣେ କି ଅଛ କରମେ ଗୋ !
କଂସ ଦେଇଛି ଲେଖ, ମୁଦ ଫେଇଣ ଦେଖ,
ଯିବୁ ସେ ମାମୁଁଙ୍କ ଦର୍ଶନେ ଗୋ !
ଆମ୍ଭେ ତ ନୋହୁ ପର, ଦଇବ କଲା ଅନ୍ତର,
ଦାରୁଣ ହୋଇଲା ଅକ୍ରୁର ଗୋ !
ହ୍ରଦରେ କାଳୀ ବସା, ତହିଁକି କାହା ଭରସା ?
ପଦ୍ମ ତ ନେବୁ ଶତେ ଭାର ଗୋ !
ମାଳୀ ପିଣ୍ଡାରେ ହରି, ବସନ ଜୂର କରି,
କୁବୁଜୀ ଲେପଇ ଚନ୍ଦନେ ଗୋ !
ମାଲ ମାହୁନ୍ତ ମାରି, ଗଜ ଦନ୍ତ ଉପାଡ଼ି,
ହସ୍ତୀକି ହସ୍ତୀ ମରାମରି ଗୋ !
କହେ ସାଲବେଗ ହୀନ, ଯେହି ମୋ ନିବେଦନ,
ମୁହିଁ ତ ଜାତିରେ ଯବନ ଗୋ !!

ମୁକୁଟ ମନୋହର

ମୁକୁଟ ମନୋହର
ଉରମାଲ୍ ମନୋହର,
ଅଙ୍ଗ ପୀତାମ୍ବର ରାଜିତେ ॥

କର୍ଣ୍ଣ କୁଣ୍ଡଳ,
ଅଧିକ ଝଲମଲ,
କେଶରୀ ତିଳକ ବିରାଜିତେ ॥

ତଡ଼ିତ ନଓଘନ,
ନିନ୍ଦିତ ବରନ
ଲଜ୍ଜିତ କୋଟି ଅନଙ୍ଗ ରେ,

ବିବିଧ କଉତୁକେ
ବର୍ଣ୍ଣିତ ସାଲବେଗ
ନିରେଖ ପୁଲକିତ ଅଙ୍ଗରେ ॥

ରାମହରି, ପ୍ରଭୁ ବିଜେ କରିଅଛ

ରାମ ହରି !
ପ୍ରଭୁ ବିଜେ କରିଅଛ ନୀଳଗିରି ହେ !

ଶ୍ରୀପୁରୁଷୋତ୍ତମ କ୍ଷେତ୍ରବାସୀ ଭାଗ୍ୟ ଥିଲେ ସାଧୁ ସଙ୍ଗେ ମିଶି
ସର୍ବଜନମାନେ କ୍ଷେତ୍ରରେ ପ୍ରବେଶ ଗତି ମୁକ୍ତି ଘେନି ପରବାସୀ ହେବ । ୧ ।

ବଡ଼ଦାଣ୍ଡେ ହେଲେ ପରବେଶ ରେଣୁ ଧୂଳିରେ ପୂରିଲା ଗ୍ରାସ
ଦାଣ୍ଡରେ ବସିଛି କୈବଲ୍ୟ ପସରା ଟଙ୍କ ତୋରାଣିରେ ମନ ତୋଷ ହେ । ୨ ।

ସିଂହଦ୍ୱାରଠାରେ ବେତ ବାଡ଼ି ବାଜିଲେ ପାତକ ଯାଏ ଛାଡ଼ି
ଶ୍ରୀଜଗନ୍ନାଥଙ୍କ ଦର୍ଶନ ନିମିତ୍ତ ସାଧୁଜନମାନେ ଠେଲାଠେଲି ହେ । ୩ ।

ବାଇଶି ପାବଚ୍ଛ ଗଳି ଶିଖେ କୈବଲ୍ୟ ବସିଛି ବେନି ପାଖେ
ବ୍ରାହ୍ମଣ କ୍ଷତ୍ରିୟ ଶୂଦ୍ର ଚାରିବର୍ଣ୍ଣ କୈବଲ୍ୟ ଦିଅନ୍ତି ମୁଖେ ମୁଖେ ହେ । ୪ ।

ରୋହିଣୀ କୁଣ୍ଡ ପାଦୁକା ରଜ ସିଂହ ମାଡ଼ିବସିଅଛି ଗଜ
ସତେ କି ଏ ଜୀବନ ସଫଳ ହୋଇବ କାକପକ୍ଷୀ ହେଲେ ଚତୁର୍ଭୁଜ ହେ । ୫ ।

ଗରୁଡ଼ ପଛେ ରହି ଦେଖ କି ଶୋଭାପାଉଛି ପଦ୍ମମୁଖ
ହୀରା ନୀଳା ମୋତି ମାଣିକ୍ୟ ଜଳୁଛି ହୃଦେ ଲମ୍ବିଅଛି ବ୍ୟାଘ୍ରନଖ ହେ । ୬ ।

ସଲଖ ସୁନ୍ଦର ବଡ଼ଦାଣ୍ଡ ନବକୋଟି ଲୋକ ତହିଁ ରୁଣ୍ଡ
ଦର୍ଶନ ମାତ୍ରକେ ପାପ କ୍ଷୟ ଯିବ ପାପାଧି ପାତକ ହୋଇ ଖଣ୍ଡ ହେ । ୭ ।

ସିଂହଦ୍ୱାର ଆଗେ ତିନି ରଥ ପାଟପତନୀରେ ମଣ୍ଡି ନେତ
ଆଗେ ବଳଭଦ୍ର ମଧ୍ୟରେ ସୁଭଦ୍ରା ପଛେ ବିଜେକଲେ ଜଗନ୍ନା ହେ । ୮ ।

କହେ ସାଲବେଗ ମୂଢ଼ମତି ରାଧାକୃଷ୍ଣ ପାଦେ ଦେଇ ମତି
ଜନ୍ମେ ଜନ୍ମେ ମତେ ଏହି ଆଜ୍ଞା ହେଉ, ରକ୍ଷାକର ବାରେ ଲକ୍ଷ୍ମୀପତି ହେ ।।

ସୁନ୍ଦର ବଦନ ପଙ୍କଜଡୋଳା

ସୁନ୍ଦର ବଦନ ପଙ୍କଜଡୋଳା ।
ଦରଶନେ ନ କର ହେଳା ॥

କର୍ଣ୍ଣରେ କୁଣ୍ଡଳ ଗଳେ ରତ୍ନହାର
ଚଉସରି ହୋଇ ଲମ୍ବିଛି ମାଳା ।
ଯମୁନା ନଦୀକି ନାବ ଖେଳିଗଲେ
ପାରି କରିଦିଅ ନନ୍ଦର ବଳା ॥

ଲକ୍ଷେ ରାଜା ମୁଖେ କାଳୀ ଲଗାଇଲା
ସାତବେଣ୍ଟି କଲ ସହୋଦ୍ର ଶଳା ।
ଜଗନ୍ନାଥ ପ୍ରଭୁ ନୀଳାଞ୍ଚଳେ ବିଜେ
ଆଉ ଏଡ଼େ ପ୍ରଭୁ ନୋହିବେ ପରା ॥

ଅଳକାପନ୍ତିକି କଳିକା ସୁନ୍ଦର
କଳାମେଘେ ଯେହ୍ନେ ଝଟକେ ତାରା ।
ଜଗନ୍ନାଥ ପ୍ରଭୁ ଏହି ଦେଉଳରେ
ଏଡ଼େ ପ୍ରଭୁ ଆଉ ନ ଥିବେ ପରା ॥

ନୀଳାଞ୍ଚଳେ ଦାରୁ- ସ୍ୱରୂପେ ବିଜୟେ
ନାମ-ସଂକୀର୍ତ୍ତନେ ହୋଇଲେ ଭୋଳା ।
କହେ ସାଲବେଗ ଜାତିରେ ଯବନ
ଭବସାଗରକୁ ତୋ ନାମ ଭେଳା ॥

ମୁଁ ତୋତେ କି ବୋଇଲି କି

ମୁଁ ତୋତେ କି ବୋଇଲି କି
ତୁ ବସିଅଛୁ ରୁଷି ।
ଚନ୍ଦ୍ର ମାବଦନ ଟେକି ଚାହୁଁ କି ନା ହସି ॥
ବୋଲେ ନନ୍ଦରାଣୀ ତୋର ପରିମୁଣ୍ଡା ଯାଇ ରେ ।
କମଳନୟନୁ ନୀର ସ୍ରବାଉ କିମ୍ପାଇଁ ରେ ॥
ଆସ ଆସ ବାବୁ ମୋର ଦୀନ ପ୍ରାଣମଣି ରେ ।
ଦେବି ମୁଁ ଅଧାମ ସର ଅଧିକ ଲବଣୀରେ ॥
ଧୂଳିରୁ ଝାଡ଼ିଣ ମାୟେ ପୋଛେ ପଣତରେ ।
ଚୁମ୍ବନ ଦିଅନ୍ତି ମାୟେ ଅତି ସ୍ନେହଭରେ ।
ଯେବଣ ମୁଖକୁ ଭବ ବିରଞ୍ଚି ଭାବନ୍ତି ।
କହେ ସାଲବେଗ ଧନ୍ୟ ଭାଗ୍ୟ ଯଶୋବନ୍ତୀ ॥

ବାୟେ ସଖିଗଣ ବିବିଧ ବାଜଣ

ବାୟେ ସଖିଗଣ ବିବିଧ ବାଜଣ
ବାୟେ ଅତି ଅନୁପମରେ ।
ମୃଦଙ୍ଗ ରଙ୍ଗ ଉପାଙ୍ଗ ସୁମଧୁର
ସପ୍ତସ୍ୱର ତିନି ଗ୍ରାମରେ ॥
କୋଇ ନାଚତ ତାଲ ବଜାୟତ
ନାଚତ ଶ୍ୟାମା ଶ୍ୟାମରେ ।
ଆନନ୍ଦେ ତରଙ୍ଗିତ ବହୁତ ଯମୁନା
ଏ ରୂପ ସଖି ସୁଖଧାମରେ ॥
ନବନାଗର କାହ୍ନୁ ରାଧା ନବତରୁଣୀ
ନବଜଲଧର କିୟେ ଶୋଭିତ ଦାମିନୀ ।
ମୋହିତ ନାରଦ ସୁର ନର ମୁନି
ମୋହିତ ବ୍ରହ୍ମା ଶଙ୍କରେ ।
ଚାନ୍ଦ କିରଣ ହି ବିକଶି କୁମୁଦିନୀ
ଶୋଭିତ ଶ୍ୟାମ-ସରୋବରେ ॥
ହଂସ ସାରସ ରବ କି ତାଣ୍ଡବ
ଡାହୁକ ଶବଦ ମନୋହରେ ।
ସାଲବେଗ ପ୍ରିୟ ନିରଖି ଲାବନୀ
ବରଣୀ ନୋହି କରୁ ହୋୟରେ ॥

ଭଲା ସେ ନବଘନ କାଳିଆ !

ଭଲା ସେ ନବଘନ କାଳିଆ !

ତ୍ରିଭଙ୍ଗୀ ଛନ୍ଦେ ଉଭା,
କରେ ମୁରଲୀ ଶୋଭା,
 ଜୁଡ଼ାଟି ବାନ୍ଧିଅଛି ଟାଳିଆ (୧)॥

ହସି ହସି ସେ ଆସି,
ମୋ ମନ ନେଲେ ତୋଷି,
 ନାଗର ନନ୍ଦଦୁଲାରିଆ (୨)॥

ହୀନ ସାଲବେଗ ଭଣି,
ରଙ୍ଗେ କରଇ ଧ୍ୱନି,
 ବଂଶୀ ଡାକଇ ରାଧା ବୋଲିଆ (୩)॥

ଦୂତୀ ଗୋ, କହିବୁ ବ୍ରହ୍ମାଙ୍କୁ

ଦୂତୀ ଗୋ, କହିବୁ ବ୍ରହ୍ମାଙ୍କୁ,
ବଂଶୀ ଆଣି ଦେଲେ ବ୍ରହ୍ମା ମୋ ପ୍ରାଣ ନେବାକୁ ॥
ନନ୍ଦସୁତ ଲାଗି ଏବେ ତେଜିଲୁ ଗୋକୁଳ,
ମୁରଲୀ ହେଲା ଆସିଣ ଅତିହିଁ ପ୍ରବଳ ॥
      ଦୂତୀ ଗୋ..... ..... ॥ ୧ ॥

ନବୀନ-ଘନ-ବରନ ପ୍ରଭୁ ଚକାଆଖି

ନବୀନ-ଘନ-ବରନ ପ୍ରଭୁ ଚକାଆଖି
ମୋର ହୃଦ ବେଦନାକୁ ତୁମ୍ଭେ ସିନା ସାକ୍ଷୀ।
    ଡାହାଣେ ଶ୍ରୀବଳଭଦ୍ର ମଧ୍ୟରେ ବହେଣୀ।
    ବସିଛନ୍ତି ଜଗନ୍ନାଥ ଶଙ୍ଖ ଚକ୍ର ଘେନି॥
ଦେହ ତ ବଢ଼ିଲା ପ୍ରଭୁ କେତେ ଭୋଗ ଖାଉ।
ତିନି ରଥ ସାଜି ଗାଜି ବଡ଼ଦାଣ୍ଡେ ଯାଉ॥
    ତୁଳସୀ ଚଉରାଠାରେ ବିକାଯାଏ ଭାତ।
    ଦ୍ରଶନ ତେଣିକି ଥାଉ କୈବଲ୍ୟ ମୁକତ॥
କହେ ସାଲବେଗ ହୀନ ଜାତିରେ ଯବନ।
ତୁମ୍ଭ ଶ୍ରୀଚରଣ ବିନୁ ଗତି ନାହିଁ ଆନ॥

ପର୍ବତ ଶିଖରେ

ପର୍ବତ ଶିଖରେ ଘର ବାନ୍ଧିଥିଲ ତଳକୁ ଲମ୍ବିଛି ଡାଳ
ସଂସାର ମଧ୍ୟରେ ଭାସିଯାଉଥିଲି ନରଜନ୍ମ ନାରଖାର
ଲୋ ଶାରୀ !
ଭଜ ଗ୍ରାମକୃଷ୍ଣ ହରି !
ମାରି ନେବଟି ଘେନି ଯିବଟି
ଧରିନେବଟି ଦୁଷ୍ଟ ମଞ୍ଜାରି,
ଲୋ ଶାରୀ !
ସହସ୍ରେ କାଠିରେ ପଞ୍ଜୁରି ଗଢ଼ିଲି ସୂଚୀମୁନ କଲି ଦ୍ୱାର
ଶୁଆ ଶାରୀ କରି ଯୋଡ଼ିଏ ପୋଷିଲି ନେଇ ପଞ୍ଜୁରି ଭିତର
ଲୋ ଶାରୀ !
ସୁବର୍ଣ୍ଣ ଥାଳୀରେ ଅମୃତ ପୂରାଇ ତୋତେ ପ୍ରତିପାଳୁଥିଲୁ
ପକ୍ଷୀ ଛାର ଜନ୍ତୁ ଅଣ-ବିଶ୍ୱାସରେ କାହାକୁ ନ କହି ଗଲୁ
ଲୋ ଶାରୀ !
ଯହୁଁ ଦିନେ ତୁଲେ ବିଶ୍ୱର ଭିତରେ କେହି ନ ଭଜନ୍ତି ତୋତେ
ନଲୁଆ ତଳରୁ ନଳ ଗୁନ୍ଥୁଥିଲା ମାରିନେବ ସେହି ତୋତେ
ଲୋ ଶାରୀ !
ଗଲା ତୋର ଅଙ୍ଗ ଅଣ୍ଟ ତ ସୁରଙ୍ଗ ଦାନ୍ତ ତ ଡାଳିମ୍ବ ମଞ୍ଜି
କହେ ସାଲବେଗ ଏ ଗୀତେ ଭଣିଲେ ସୁନାକୁ କେ କଲା ବନ୍ଦୀ
ଲୋ ଶାରୀ !

ନବଘନ କାଳିଆ

ନବଘନ କାଳିଆ;
    ତୋର ଲାଗି ମୋର ଜାତି ଗେଲ।
    ତୋର ଲାଗି ମୋର ଜାତି ଗେଲ,
    ପତି ଗେଲ, କୁଳ ଗେଲ।

ଲାଜ ଲୟା ଗେଲ,
ଲେମ୍ବୁମୂଳେ କୃଷ୍ଣ ଛିଲ,
ଏକଟା ଲେମ୍ବୁ ଚାଖିଆ ଗେଲ,
    ଫେକିୟା ଗେଲ।
    ଗଲେ ଲେମ୍ବୁର ଗଛ ତଳେ
    ଗୁପତ ଲୀଳା ହଲ।

ରାଧା ଦୂତୀ ଜଳକେ ଗେଲ,
କଦମ ତଳେ କୃଷ୍ଣ ଛିଲ,
ସାଲବେଗ ହଟିଆ ନାଗର ମୋହନ ମୁରଲୀ ବାୟଁ। ଗେଲ।

ହେର ହୋ, ନୀଳଗିରି ପତି ରାଜ ହି

ହେର ହୋ, ନୀଳଗିରି ପତି ରାଜ ହି
ସୁଭଦ୍ରା ବଳରାମ ସଙ୍ଗେ ଅନୁପାମ
ସିନାନ ମଣ୍ଡମ ମାଝି ହି । ଧ୍ରୁ.ପ. ।
ଶଙ୍ଖ ଘଣ୍ଟା କାଂସୀ ବେଣୁ ବୀଣା ବଂଶୀ
ମଧୁର ଦୁନ୍ଦୁଭି ବାଜନ୍ତି ।
ସେବକ ପଡ଼ିଆରି ଘଟ ଭରି ବାରି
ଢାଳଉ ତାହାଙ୍କୁ ମାଖନ୍ତି ।।
ଜୟ ଜୟ ଧ୍ୱନି ସୁର ନର ମୁନି
ସ୍ତୁତି ନତି ପ୍ରଣିପାତ ହି
ଶ୍ରୀମୁଖ ଚନ୍ଦ୍ରରୁ ସୌରଭ ଆସୁଛି
ଗଜେନ୍ଦ୍ର ବେଶ ଉ ଆପ ହି ।।
ଜୟ ଯଦୁପତି ତିନିଲୋକ ଗତି
ବହୁ ଉପହାର ଭୋଜନ୍ତି,
ମଣି-କୋଠାତଳେ ସାଲବେଗ ବଲେ
ଦେବ ନାରିଗଣ ନାଚନ୍ତି ।

ଶ୍ୟାମବନ୍ଧୁ ଲାଗିଲେ

ଶ୍ୟାମବନ୍ଧୁ ଲାଗିଲେ, ଦୀନବନ୍ଧୁ ଲାଗି
ମୁଁ ସଢ଼ିଲି କି ଗୋ !
ମା ମୁଁ କି କଲି ॥
ଯମୁନାକୁ ନୀର ଆଣି ଗଲାବେଳେ ଯାଉଥାଇ ଡରି ଡରି,
କଦମ୍ବମୂଳେ ମୁରଲୀ କରେ ଧରି ଚାହିଁଦେଲେ ଭଙ୍ଗୀ କରି,
କି ଗୋ ମା !
ଶିରେ କେକୀଚୂଳ ବାଙ୍କେ ବାନ୍ଧିଥାଇ ବନସ୍ତର ଫୁଲ ଖଞ୍ଜି,
ରଙ୍ଗିମା ଅଧରୁ କହିଦେଉଥାନ୍ତି ମଧୁର ମଧୁର କରି,
କି ଗୋ ମା !
ଚଞ୍ଚଳ ଚତ୍ୱେ ଚରଣ ନ ଚଳଇ ନ ପାରଇ କୁମ୍ଭ ଧରି,
ଲୋକଲାଜ ମୁହିଁ ଛାଡ଼ି ଯା ଅଇଲି ଦୁଷ୍ଟ ନଣନ୍ଦକୁ ଡରି,
କି ଗୋ ମା !
ଚିତ୍ରପ୍ରତିମା ପ୍ରାୟେ ତାଙ୍କୁ ମଣଇ ଚାହିଁ ତା ବେଶ ଚାତୁରୀ,
ଅନ୍ତରେ ଶ୍ୟାମ ବ୍ୟାଧି ମୋତେ ହୋଇଣ ବାମଦେବରିପୁ ଡରି,
କି ଗୋ ମା !
ଶ୍ୟାମବନ୍ଧୁ ସଙ୍ଗେ ପ୍ରୀତି କରି ଦିଅ ସଙ୍ଗେ ଦିଅ ସହଚରୀ,
କହେ ସାଲବେଗ ଜାତିରେ ଯବନ ସଂସାର ସାଗର ତରି,
କି ଗୋ ମା !

ଉପାୟ ବୋଲରେ

ଉପାୟ ବୋଲରେ । ଘୋଷା ।

କାଳିଆ କାଳିଆ ବୋଲି, ଝୁରିଆ ଝୁରିଆ ମଲି ଗୋ ॥ ୧ ॥

କାଳିଆ କି ମନ୍ତ୍ର କଲା ଗୋ, ପିଣ୍ଡ ଥୋଇ ପ୍ରାଣ ନେଲା ଗୋ ॥ ୨ ॥

କଦମ୍ବ ତରୁ ମୂଳେ, ଚିତ୍ତ ଛନଛନ ହେଲା ଗୋ ॥ ୩ ॥

କାଳିଆ ବିଷମ ଜାଲା, 'କାଲା' ହେଲେ ଜପମାଳା ଗୋ ॥ ୪ ॥

କହେ ସାଲବେଗ ହୀନ, କୃଷ୍ଣଚରଣରେ ମନ ଗୋ ॥ ୫ ॥

କାହ୍ନୁ ହେ, ମୁଁ ତ କଢ଼ି କୁସୁମ

କାହ୍ନୁ ହେ, ମୁଁ ତ କଢ଼ି କୁସୁମ
ବିକାଶିଲେ ପୁଷ୍ପ ବାସ ଘେନିମ ॥
ନଟବର ବେଶେ କଳାକହ୍ନାଇ ।
ତୁମ୍ଭେ ମୋ ଭଣଜା ମୁଁ ତୁମ୍ଭ ମାଈଁ ॥ ୧ ॥

ଦୂତୀ ଗୋ, ଦେଖି କେ ଧରେ ହିଆ

ଦୂତୀ ଗୋ, ଦେଖି କେ ଧରେ ହିଆ ଯଶୋଦାନନ୍ଦନ ବନମାଳିଆ ।।
ରାଧିକା ବୋଲନ୍ତି ଶୁଣ ଦୂତୀ ! ଶ୍ରୀକୃଷ୍ଣ ହୋଇଛି ମୋହର ପତି ।।
ରାଧିକା ବୋଲନ୍ତି ଶୁଣ ଦୂତିକା ! ଯମୁନା ନଦୀକି ନ ଯିବୁ ଏକା ।।
କହେ ମହାଦେଈ ଶୁଣ ଶ୍ରୀହରି ! ରାଧିକା ମରିବ କି ଝୁରି ଝୁରି ।।
କହେ ସାଲବେଗ ଜାତିରେ ହୀନ । କୃଷ୍ଣପାଦପଦ୍ମେ ରହୁ ମୋ ମନ ।।

BLACK EAGLE BOOKS

www.blackeaglebooks.org
info@blackeaglebooks.org

Black Eagle Books, an independent publisher, was founded as a nonprofit organization in April, 2019. It is our mission to connect and engage the Indian diaspora and the world at large with the best of works of world literature published on a collaborative platform, with special emphasis on foregrounding Contemporary Classics and New Writing.

www.ingramcontent.com/pod-product-compliance
Lightning Source LLC
Chambersburg PA
CBHW020542080526
44583CB00013B/957
9781645604082